ATLAS DER ENTSCHEIDER

Inspirationen für entschlossene Menschen und MacherInnen

Herausgegeben von

Dr. Johanna Dahm
und
Heiko Stahnke

Fotos der Autoren von Andreas Bender • Orhidea Briegel • Manuela Engelking • Jennifer Fey • Julia Hartmann • Sabrina Hoch, photoLounge • Calvin Hollywood • Petra Homeier • Sarah Kastner • Barbara Keller • Uwe Klössing • Ines Nienhaus (Künstlername: artinez) • Christopher Pankratz • Gerald Pfaff • Dominik Pfau • Studioline Photography • Bodo Rüedi • Christian Schulze • Oliver Wagner • Oliver Wagner • Monika Werneke • Caroline Wimmer • Steffen Zechmeister
Cover: Adobe Stock von Who is Danny • ohaiyoo • Julien Eichinger • sljubia

Wir haben uns nach langer Überlegung dazu entschlossen, den Autorinnen und Autoren freizustellen, ob und in welcher Form sie gendern wollen. Manche haben sich entschlossen, dies zu Gunsten der besseren Lesbarkeit nicht zu tun. Alle Autoren sprechen selbstverständlich alle Leserinnen und Leser gleichberechtigt an.

Bibliografische Information der Deutschen Nationalbibliothek
Die Deutsche Nationalbibliothek verzeichnet diese Publikation in der Deutschen Nationalbibliografie; detaillierte bibliografische Daten sind im Internet unter http://dnb.d-nb.de abrufbar.

© Bourdon Verlag GmbH, Hamburg 2022

Lektorat: Antonia Pieper, Bielefeld
Cover: Lena Vansteenkiste, Warendorf
Gestaltung und Satz: Rainer Maucher, Verlagsbüro Wais & Partner, Stuttgart
Korrektorat: Sabine Besenfelder, Tübingen
Printed in Europe

ISBN 978-3-949869-50-1

www.bourdon-verlag.de

Inhalt

Kapitel 1

ZIELE SETZEN, SEGEL HISSEN ODER: WARUM DU NAVIGATOR:IN DEINES EIGENEN LEBENS BIST

Kapitel 2

WANDEL ALS KONSTANTER KURS – VON DER STRATEGIE BIS ZUM ENTSCHLUSS

Kapitel 3

IM GEGENWIND – WARUM ES WICHTIG IST, ENTSCHEIDUNGEN ZU FÜHLEN

Kapitel 4

RESSOURCEN PLANEN – ENTSCHEIDEN IN ZEITEN PERSÖNLICHER UND FINANZIELLER UNSICHERHEIT

Kapitel 5

AND THERE IS AN »I« IN TEAM - WIE WIR IN ZUKUNFT ZUSAMMEN LEBEN UND ARBEITEN

Kapitel 6

THE TOP OF THE MOUNTAIN IS THE BOTTOM OF THE NEXT - WARUM DER TIEFSCHLAG NACH DEM HÖHEN-FLUG ZUGLEICH AUFSCHWUNG BEDEUTEN KANN

Kapitel 7

VON DER KONSEQUENZ ODER: WARUM MANCHE ENTSCHEIDUNGEN UNWIDERRUFLICH SIND

Kapitel 8

WAS UNS AUF REISE UND FLUCHT BIS NACH HAUSE BEGLEITET: SPRACHE UND ERINNERUNG, SEELE UND KULTUR

Kapitel 9

DURCH ALLE GEZEITEN – VON FLUT, EBBE UND LIEBE

Kapitel 10

ANKOMMEN, FRIEDEN FINDEN – WIE WIR IN EINER WELT DES WANDELS ENTSPANNTER LEBEN

Grußwort – Jede:r bekommt die Zukunft, für die er oder sie sich entscheidet.

Sven Gábor Jánszky

Liebe Leserinnen, liebe Leser,

haben Sie eigentlich ein Lieblingswort? Meines ist vierzehn Jahre alt. Damals schrieb ich ein Buch über die Zukunft der 2020er-Jahre, also über heute. In meinen Gesprächen mit den Zukunftsentscheidern der deutschen Wirtschaft erwischte mich damals ein Begriff, der mich bis heute nicht loslässt: Die »multioptionale Orientierungslosigkeit«.

Was wir damals prognostiziert haben, prägt heute unser Land: Weil alles geht, bewegt sich nichts! Uns geht es besser als jeder Generation vor uns. Wir haben mehr Möglichkeiten in unserem Leben als alle unsere Vorfahren. Und doch sind wir wie gelähmt. In unseren Unternehmen schauen wir mit Faszination auf die agile Start-up-Welt und schieben uns die Beschlussvorlagen im Kreis herum. In der Welt bauen China und das Silicon Valley ihre Vormachtstellung mit neuen Technologien auf, während wir selbst seit zehn Jahren ergebnislos unsere Ethik diskutieren. Und im Privaten hören wir millionenfach die Veränderungs-Podcasts der Erfolgsmenschen, um am nächsten Tag wieder in innerer Kündigung die Unfähigkeit unserer Chefs zu ertragen. Was ist hier eigentlich los?

Die Antwort halten Sie hier in der Hand.

Die schier unendlichen Optionen unserer reichen Gesellschaft machen nur diejenigen orientierungslos, die die wichtigste Fähigkeit für eine erstrebenswerte Zukunft vergessen haben: Die klare, schnelle Entscheidung. Deshalb handelt dieses Buch von der wichtigsten Grundbedingung für Ihre große Zukunft. Sie werden sichtbare und unsichtbare Entscheider:innen kennenlernen. Sie werden von guten und schlechten Entscheidungen lesen. Und Sie werden das Modell kennenlernen, das Sie selbst zu klaren, schnellen und guten Entscheidungen führen wird.

Lassen Sie mich Ihnen noch mein persönlich wichtigstes Learning aus 20 Jahren Zukunftsforschung mit auf Ihren Weg durch das Buch geben. Möglicherweise kennen Sie die Erkenntnisse aus der Psychologie, dass wir Menschen mehr als 90 % unserer täglichen Entscheidungen nicht bewusst treffen. Weil der bewusste Teil des menschlichen Gehirns, also unser Arbeitsspeicher im Kopf, nur von begrenzter Kapazität ist, lagert die Natur alle wiederkehrenden Entscheidungen als automatisierte Denk- und Verhaltensmuster in unser Unterbewusstsein aus. Diese Routinen sind für uns Menschen lebenswichtig, ohne sie könnten wir nicht existieren. Zugleich sind sie aber auch die größten Verhinderer für Veränderungen, für Zukunft in unserem Leben. Die unterbewussten Denk- und Verhaltensmuster in Ihrem Kopf sind es, die Sie von großen Entscheidungen abhalten.

Das Brechen dieser automatisierten Routinen ist Ihr Hauptjob auf dem Weg zu Ihrem Zukunfts-ICH. Denn Ihre bisherigen Denk- und Verhaltensmuster sind der Grund, warum Sie heute so sind, wie Sie sind. Wenn Sie in der Zukunft zu einem besseren ICH kommen wollen, dann brauchen Sie NEUE Denk- und Verhaltensmuster. Aus diesem Grund habe ich in den letzten 20 Jahren nach Profis gesucht, die mir aus eigener Erfahrung berichten können, wie sie die automatisierten Routinen in den Köpfen ihrer Mitarbeiter brechen. Ich bin mit dieser Frage am Ende bei Fußballtrainern gelandet.

Warum? Weil es nach jedem Trainerwechsel in der Bundesliga die erste Aufgabe ist, die Automatismen, Spielzüge, Laufwege des alten Trainers aus den Köpfen der Spieler zu »löschen« und durch neue automatisierte Routinen zu ersetzen. Und das Ganze binnen 14 Tagen, weil beim Trainerwechsel in der Regel »die Hütte brennt«. Mit dieser Frage, wie man seinen Mitarbeitern das Vergessen der alten Routinen beibringt, bin ich irgendwann bei Thomas Tuchel gelandet. Ihn interessierte meine Frage und er ließ mich aus seinen Erfahrungen lernen. Zum Beispiel aus dieser: Als er neu bei seiner ersten Bundesliga-Station bei Mainz 05 anfing, stellte er schnell fest, dass seine Spieler einen bestimmten Spielzug in ihren Verhaltensmustern automatisiert hatten: Wenn sie den Ball bekamen, sollte er zur Seitenlinie, dann longline die Linie entlang und dann in die Mitte geflankt werden. Leider ist dieser Spielzug statistisch gesehen genau der, bei dem die Wahrscheinlichkeit am höchsten ist, den Ball abgenommen zu bekommen. Deshalb entschied Thomas Tuchel, dass seine Spieler nicht mehr longline spielen sollten, sondern diagonal.

Thomas hat seinen Spielern aber niemals angeordnet, nicht mehr longline zu spielen. Weil man sich die automatisierten Denk- und Verhaltensmuster nicht rational verbieten kann. Sie sind ja unterbewusst. Dies ist auch der Grund, warum in Unternehmen die meisten Change-Prozesse scheitern und warum Millionen Menschen ihre positiven Neujahrsvorhaben schon nach drei Wochen wieder fallen lassen. Weil wir automatisierte Routinen des Unterbewusstseins nicht bewusst steuern können.

Der Weg zur Veränderung ist deshalb ein anderer: Thomas Tuchel hat seine Mannschaft auf einem Trainingsplatz trainieren lassen, bei dem er die Ecken »abgeschnitten« hatte. An der Mittellinie war das Feld normal breit, aber von dort ging die Außenlinie direkt zum Torpfosten. Hätten seine Spieler also weiter longline gespielt – sie hätten direkt ins Aus gespielt. Durch die Veränderung des Spielfeldes hat Thomas ihnen die Möglichkeit genommen, weiter ihrem automatisierten Verhaltensmuster zu folgen. Genau dies ist die einzige nachhaltige Methode zur Veränderung. Diese Methode gilt auch für Sie. Sie müssen Wege finden, Ihrem Unterbewusstsein die Möglichkeit zunehmen, den alten Denk- und Verhaltensmustern weiter zu folgen. Wer dies verinnerlicht, der ist schon dicht dran an meiner wichtigsten Erkenntnis als Zukunftsforscher und Zukunftscoach:

Dieses Wegnehmen der alten Routinen ist kein Prozess! Es kann nicht trainiert werden. Es kann nicht erarbeitet werden. Im Gegenteil: Wer für eine gewollte Veränderung in seinem Unternehmen oder persönlich einen Change-Prozess startet, der hat bereits in diesem Moment entschieden, dass es KEINE Veränderung geben wird.

Denn Ihre Zukunft ist kein Prozess. Ihre Zukunft ist eine Entscheidung.

Veränderung ist kein Prozess. Veränderung ist eine Entscheidung. Veränderung passiert in einem einzigen Moment. Und wenn Veränderung in einem einzigen Moment geschieht, dann gibt es keinen einzigen Grund, warum dieser Moment erst morgen sein sollte.

Dieser Moment ist JETZT!

Ich wünsche Ihnen eine inspirierende Lektüre.

Ihr

Sven Gábor Jánszky

Vorwort – Warum »Atlas«?

Johanna Dahm

Erinnern Sie sich noch an Ihren ersten Atlas? Ja, genau, ich meine Ihren Schulatlas, dieses schwere gebundene Kartenwerk, das schon veraltet war, bevor Sie es, wahrscheinlich gebraucht und an den Ecken leicht abgewetzt, von Ihren Vorbesitzern in die Hände bekommen haben? In der Mitte die doppelseitige ovale Weltkarte mit den vielen Ländern, die wir damals alle noch nicht bereist hatten. Einige kennen wir vielleicht inzwischen. Viele stehen noch auf der Bucket List und in dieser Entscheidung sind wir uns wahrscheinlich alle einig: nach Ende der Pandemie werden wir auf jeden Fall wieder mehr reisen!

Dass einige unserer Autorinnen und Autoren aus Ländern kommen würden, in denen ich persönlich noch nie war, war mir nicht bewusst, als ich zur ersten Nacht der Entscheidung auf Clubhouse einlud. Wir schrieben den Februar 2021, elf Monate nach Ausbruch des Coronavirus, und die Titelseite des SPIEGEL höhnte »Deutschland – das erschöpfte Land«. Ermüdung, allgemeine Unentschlossenheit, Verängstigung und Machtlosigkeit lautete der Vorwurf. Das Land der Dichter, Denker, Erfinder, Ingenieure, der klassischen Musik, der Vielfalt, der ersten Kanzlerin, des ersten Volkswagens, des Mauerfalls verkam zur Karikatur eines lungenkranken Patienten. Ich selbst hatte zu lange nicht in Deutschland, nicht in Europa gelebt und war betroffen. Denn ich weiß nur zu gut, wofür »wir« eigentlich bewundert werden. Und da stehen Umsetzungsstärke, Struktur und Entschlossenheit oben auf der Liste.

Gerade war aus meinem Beratungsalltag das Buch »Die Entscheidungs-Matrix« entstanden und ich wusste: Viele Entscheider waren zu Aufschiebern geworden und Finder zu Suchenden – nach Alternativen, besseren Optionen, Auswegen oder Umwegen. Worüber ihre Aufgabe, das Warum in Vergessenheit geraten war, oder – wie ich es gern nenne – das »dem höheren Zweck dienen«.

Doch wie diese Suche zum Thema machen und Aufschiebern wieder Anschub zum Entscheiden geben? Im Austausch mit meinem geschätzten Mentor Hermann Scherer wurde die Idee des Clubhouse-Formats geboren: Eine sich wiederholende Rednernacht rund um das Thema Entscheidungen. Der Aufruf: Die Quintessenz in drei Minuten über den Audiokanal und damit auf das Wesentliche reduziert zu präsentieren. Das Resultat: Insgesamt dreimal moderierte ich zusammen mit meinem geschätzten Co-Moderator Heiko Stahnke Menschen weit über den deutschsprachigen Raum hinaus, die nicht nur über die Resultate ihrer größten beruflichen, persönlichen und privaten Entscheidungen sprachen. Wir haben in diesem »Atlas der Entscheider« all diese Geschichten der Übergänge und Transitionen, der Neuanfänge, Ursprünge und 180-Grad-Wenden für Sie zusammengestellt. Und wie beim Reisen gibt es nicht einen Ort des Ursprungs, sondern die Strategien der vielen kleinen Schritte, die Veränderung ausmachen und an deren erster Stelle doch immer ein und dasselbe steht, nämlich eine Entscheidung.

Als Schablone übereinandergelegt bieten alle Erzählungen das emotionale Kaleidoskop, das Sie vom Prozess des Entscheidens nur allzu gut kennen: Da sind innere Aufruhr und Unzufriedenheit, gepaart mit Reflexion und Ruhe. Scheidewege, Misserfolge und Wachstumsimpulse als Anstoß von außen. Und auch die Neugierde, ja Lust, Freude auf Neues und auch der Stolz, etwas endlich geschafft zu haben. Was bei der Lektüre so beeindruckt, ist die Offenheit und Unverblümtheit, mit der die Autor:innen über ihre noch ungehörten Geschichten sprechen: über Abschiede und Neubegegnungen, Innovationen und Kehrtwenden. Ob aus der Not heraus geboren oder schon lange in der Schreibtischschublade geschlummert, aus zurückgehaltener Leidenschaft oder Rebellion – hier haben sich Menschen verwirklicht, sich gegen den Mainstream aufgelehnt, Probleme gelöst, die sie lange begleitet haben. Ihr Anliegen ist weniger die Selbstpräsentation als Entscheider, als vielmehr der Wunsch, dass andere von ihnen lernen sollen, der Wunsch, andere zum Entscheiden zu ermutigen.

Wir alle kennen die Angst, die uns gerade vor großen Entscheidungen befällt. In über 2000 Stunden, die ich allein während der Pandemie in Entscheidungsmandaten verbracht habe, war diese Angst der größte Hinderungsgrund vor dem Entwurf einer neuen Zukunft – ganz gleich, ob für das Individuum oder die Organisation. Es ist die Angst, Bewährtes loszulassen, an Status einzubüßen, finanzielle Risiken einzugehen oder an Zuneigung zu verlieren. Umso dankbarer bin ich, dass ich Sven für das Vorwort über den Zusammenhang von Entscheidung und Zukunftsbildung habe gewinnen können.

Der »Atlas der Entscheider« erfüllt also eine vielfältige Funktion: Er gibt Orientierungshilfe, quasi als kartografisches Werk für Entscheidungstrends mit noch unbekanntem Ausgang, und er ist vielfältig wie schimmernde Atlasseide, dicht gewoben durch die Kompetenz, ja Exzellenz der Beispiele. Diese führen uns die eigentliche Aufgabe des Menschen vor Augen, nämlich die aktive Mitgestaltung, wie der Titan Atlas es mit der Weltkugel auf dem Rücken versinnbildlicht.

Matthias Horx sagt über dieses Zusammenspiel von Entscheidungen und Zukunft, es sei »weder fixiert noch determiniert. Wir können in einen Dialog mit ihr eintreten. Diesen Dialog zu organisieren, sehe ich als Aufgabe an.« Wir sind in diesen Dialog bereits eingetreten und haben dessen Wurzeln für Sie aufgezeichnet.

So wünsche ich Ihnen nicht nur eine freudvolle Lektüre, sondern auch weise Entscheidungen.

Ihre

Johanna Dahm

Vorwort zur ersten Nacht der Entscheidung

Hermann Scherer

Die Samurai sagen, man braucht für jede Entscheidung maximal sieben Atemzüge. Warum tun wir uns mit Entscheidungen dann so schwer? Letztlich gibt es doch nur zwei Arten von Entscheidungen: Die einen fallen sowieso leicht, weil die Vorteile der einen Alternative so augenfällig sind und die Nachteile der anderen Alternative bei Weitem überwiegen. Sofort und gern und mit Entschlossenheit treffen wir darum eine Entscheidung und rücken auch nicht mehr davon ab. Was uns zu schaffen macht, ist die eigene Unentschlossenheit, wenn wir über ähnliche Alternativen grübeln, die gleichwertig sind oder uns vielleicht auch keine überzeugt. Dann glauben wir, gar nicht entscheiden zu können, unabhängig davon, wie überzeugend Alternative A oder Alternative B auch sein mag. Doch gerade dann, in solch scheinbar ausweglosen Situationen, dann sollten wir uns umso leichter tun, beherzt eine Entscheidung zu treffen. Denn die schlechteste Entscheidung ist immer die, keine Entscheidung zu treffen und nichts zu tun.

Am meisten beeindruckte mich bei all den Geschichten der »Ersten Nacht der Entscheidung« die Geschwindigkeit und Klarheit, mit der die Protagonisten entschieden – scheinbar in sogar weniger als sieben Atemzügen. Eine Entschlossenheit, die manchem Wirtschaftsunternehmen, manchem Politiker dieser Tage fehlt. Wir brauchen eben solche Geschichten, die uns aus der Lethargie wachrütteln. Menschen, die uns an die Kreuzungen des Lebens begleiten, bis ganz an den Rand des Zehn-Meter-Bretts, damit wir den Sprung endlich wagen.

Als Johanna und ich zusammensaßen und über die Idee einer »Nacht der Entscheidung« sinnierten, war es zunächst eine gedankliche Spielerei, nicht mehr als ein Funke, der dann auch wieder verflog. Doch sollte man Johanna in ihrer Erfahrung und ihrem Potenzial nicht unterschätzen. Sie ahnte wohl, dass das Format funktionieren würde. Und auch das gehört dazu: Die guten Entscheidungen sind die, bei denen man sich die Frage, ob eine Entscheidung gut ausgeht, im Moment der Entscheidung nicht stellt. Johanna ist ihrer Intuition gefolgt und hat etwas Größeres geschaffen als eine Rednernacht. Sie hat Vorbilder, Entscheider zusammengebracht. Und das ist von bleibendem Wert.

Mit allen guten Wünschen,

Hermann Scherer

Vorwort zur zweiten Nacht der Entscheidung

Ursula Lange

Entscheidungen fällen ist einfach –
wenn der rote Lebensfaden stimmt!!

Entscheidungen zu fällen, gehört zu unserem Leben dazu. Täglich entscheiden wir uns zigmal für oder gegen etwas. Mal ist dies bewusst, mal ist dies unbewusst. Als Psychologin der Positiven Psychologie stelle ich fest, dass es vielen Menschen schwerfällt, Entscheidungen zu fällen, und beobachte einen enormen Energieverlust durch die Unentschlossenheit. Aber warum fällt es den Menschen so schwer, sich festzulegen? Ist es die Angst vor dem Fehlverhalten, ist es die Angst vor den Konsequenzen, ist es der Vergleich mit anderen Menschen? Auch hier beobachte ich vielfältige Gründe, eine Entscheidungsfindung auf die lange Bank zu schieben.

Und dann gibt es wiederum Menschen, denen fällt es sehr leicht, sich zu entscheiden.

Eine enorme Erleichterung, sich für oder ganz bewusst gegen etwas zu entscheiden, liegt in der persönlichen Lebensvision. Aus meinen zahlreichen Führungskräfte-Entwicklungsprozessen stach eine Übung mit großer Wirkung hervor. Ich lade dich daher kurz ein, diese fünfminütige Visualisierungsübung mitzumachen. Lies zuerst und schließe dann die Augen:

Stell dir nun deinen 80. Geburtstag vor!
Welche Gäste werden zu deinem 80. Geburtstag da sein! Partner:in,
Kinder, Freunde, Geschäftspartner, Wegbegleiter, ...
Wo wohnst du an deinem 80. Geburtstag? Am Meer, in den Bergen,
in der Stadt, auf dem Land, ...
Auf welche großartigen Lebensereignisse blickst du zurück, worauf
bist du stolz, was hast du erreicht, welchen Beitrag hast du geleistet,
...
Und wie wirkst du? Gefallen dir die Charaktereigenschaften, die du
dir auf deinem Lebensweg zu eigen gemacht hast, welche sind das?
Nach welchen Werten hast du gelebt?
Und zuletzt, wie fühlst du dich, geht es dir gut, fühlst du dich mit dei-
nen Gästen verbunden, bist du zufrieden mit deinem Lebenswerk,
was macht dieses so besonders?

Danke für dein Mitwirken.

Und ich verspreche dir, wenn du nun vor deiner nächsten Entscheidung stehst, mach dir klar, was dir wirklich, wirklich wichtig ist in
deinem Leben. Wofür und für wen stehst du in diesem Leben? Du
wirst Schritt für Schritt mehr Klarheit entwickeln und den Fokus auf
das richten, was dich wirklich und wahrhaftig ausmacht. Und dann –
ganz wichtig – gehst du los und probierst es aus! Und – weiterhin
ganz, ganz wichtig – jede Entscheidung kann auch wieder geändert
werden. Auch dafür ein ganz pragmatischer Tipp: Setze dir einen
klaren Zeitrahmen, in dem du die gefällte Entscheidung hundertpro-
zentig ausprobierst. Solltest du nach dem Zeitraum merken, dass die
Entscheidung nicht richtig ist, entscheide dich erneut für einen weiteren Weg. Und übe das immer wieder und immer wieder!

Entscheide, überprüfe und finde immer mehr Vertrauen in deine
Stärke. Überprüfe deine Werte, auch das gibt dir Halt, Entscheidungen leichter zu fällen. Umgib dich mit Menschen, die dich wohlwol-
lend unterstützen und frage sie nach ihrem Rat. Aber letztlich nutze
auch deine Intuition, denn tief im Inneren weißt du, was dir wirklich
guttut. Und dann probiere es aus, mach Erfahrungen mit der gefällten Entscheidung. Bleib im Vertrauen, dass jede Erfahrung dir etwas
bringt. Auch vermeintlich negative Erfahrungen haben ein großar-

tiges Potenzial im Hauptfach Lebensschule! Leben darf gelebt werden, Entscheidungen gefällt und Vertrauen aufgebaut werden: Vertrauen, dass das Leben es letztlich immer gut mit uns meint!

In diesem Sinne frohe Entscheidungsfindungen, ob klein oder groß!

Herzliche Grüße

Ursula Lange

Vorwort zur dritten Nacht der Entscheidung

Antje Heimsoeth

Vertrauen als Schlüsselfaktor zur Krisenbewältigung

In einer Zeit großer Unsicherheit sollte man sein Selbstvertrauen nicht unnötig aufs Spiel setzen. Es bleibt vielleicht nicht ausreichend Gelegenheit, es zurückzugewinnen.

Transparenz und Klarheit

Austausch und Kommunikation sind in Krisenzeiten wichtiger denn je. Regierungschefs in Neuseeland oder Australien führten uns das eindrücklich vor Augen. Transparenz in den Entscheidungen und klare Kommunikation sind entscheidend für die Bereitschaft von Menschen, Entscheidungen zu folgen. Es ist wichtig, in Krisenzeiten Orientierung und Sicherheit zu erfahren bzw. zu vermitteln.

Ehrlichkeit und Selbstkenntnis

Keine Frage, für uns alle ist die Coronakrise eine neue Erfahrung, es gibt keine Blaupause dafür. Und wir alle sind auch nur Menschen mit Angst um Angehörige, Angst vor Ansteckung, Angst vor den persönlichen und wirtschaftlichen Folgen der Pandemie. Vertrauen gewinnt man auch, wenn man eigene Unsicherheiten nicht hinter Arroganz versteckt, sondern sie einräumt. Sich selbst gegenüber und gelegentlich Mitarbeitern gegenüber.

Eine gute Führung setzt eine gute Selbstführung voraus. Und das bedeutet auch, sich eigener Unsicherheit bewusst zu werden und Strategien für den Umgang damit zu kennen. Es geht nicht darum, immer der Held sein zu müssen. Nach dieser Rolle sollte niemand streben.

Gutes Stress- und Selbstmanagement

Um weiterhin mit Souveränität und Gelassenheit durchs Leben zu gehen, hängt viel von Ihrem Stress- und Selbstmanagement ab. Daran zu arbeiten, heißt, sich Rüstzeug für die täglichen Herausforderungen zu verschaffen. Ausreichend Schlaf und Bewegung gehören ebenso dazu wie regelmäßige Pausen zur Entspannung und das Beherrschen von Entspannungstechniken. Wenn Sie merken, dass Sie selbst gerade Probleme damit haben, Vertrauen in die Zukunft zu schöpfen, dann können Sie gezielt an Ihrer inneren Haltung arbeiten. Führen Sie z. B. ein Dankbarkeitstagebuch, in dem Sie festhalten, wofür Sie am Ende eines Tages dankbar sind, für welche Momente, Begegnungen, Erfolge? Das können Sie auch Ihren Mitarbeitern empfehlen.

Feedback mit Verbesserungsvorschlag

Die Qualität des Dialogs steht in einer Krise auf dem Prüfstand. Wie gut fühlen sich Ihre Leute, Mitarbeiter:innen, Familie und Freunde informiert, gesehen, verstanden, wahrgenommen, berücksichtigt? Und wie geben Sie Ihnen Feedback? Ich empfehle die Feedforward-Methode nach Marshall Goldsmith, bei der Sie neben reiner Rückmeldung zu Leistungen auch konkrete Veränderungsmöglichkeiten für die Zukunft aufzeigen: Wie genau kann jemand sein Verhalten verändern, um eine Aufgabe besser, schneller, einfacher zu erledigen? Statt rückwirkend zu bewerten, was gut oder schlecht war, erfährt Ihr Gegenüber konkrete Verbesserungsmöglichkeiten und kann sie als Feedback besser annehmen.

Authentizität

Wir sehen im Fernsehen gerade immer wieder Bilder von Politikern, die sich nicht an die Abstandsregeln halten. Solche Bilder buchen vom Vertrauenskonto der Bevölkerung ab. Die Politik sollte vorleben, was sie von den Bürgern im Land verlangt. Authentizität erzeugt

Glaubwürdigkeit. Wie glaubwürdig ist jemand, der das eine predigt oder fordert und das andere tut? Menschen wollen sich auf eine Persönlichkeit verlassen und ihr vertrauen können. Glaubwürdiges Handeln ist die Basis dafür.

Distanz überbrücken

Viele Menschen arbeiten derzeit nur noch im Homeoffice. Beziehungen sind Burn-out-Präventionsfaktor Nr. 1. Halten Sie vertrauensvolle Beziehungen (online) aufrecht bzw. bauen Sie diese auf. Distanz erschwert das Vertrauen – im Übrigen auch dann, wenn Menschen über zwei Stockwerke verteilt miteinander arbeiten.

Wichtig sind in einer Krise ein gemeinsames Teamziel im Job (Etappenziel, Tages-, Wochen-, Monatsziel), Regeln für die Zusammenarbeit, Regeln für die Familie und Momente des Austauschs jenseits der Arbeit (z. B. Wie geht es dir?), sozusagen als digitaler Kaffeeküchen-Talk. Es darf noch besser zugehört werden. Es gilt, Nähe zu erzeugen. Dabei helfen auch virtuelle Treffen zum Feierabend – gemeinsam ein Bier trinken und klönen.

Wertschätzung

Für den ehemaligen Trainer vom FC Bayern München, Hansi Flick, spielt gegenseitige Wertschätzung und Respekt eine entscheidende Rolle für ein vertrauensvolles Miteinander. Für ihn sind sie die Basis für den Teamerfolg. Er sagt im Mitgliedermagazin »51« des Fußballvereins: »Ohne Loyalität, Wertschätzung und Respekt füreinander ist es schwer, sich erfolgreich und sinnvoll zu entwickeln. Mir ist wichtig, dass man Vertrauen schenkt, die Kommunikation hoch ist und man allen Wertschätzung vermittelt. [...] Wie wir uns austauschen können, was das für eine Ebene ist, auf der man Vertrauen hat, das ist für mich persönlich ideal.« (Ausgabe 4/20).

Anerkennung bedient das menschliche Bedürfnis nach sozialer Akzeptanz. Sie baut den Selbstwert auf, sorgt für positive Energie und Antrieb. Unser Zugehörigkeitsgefühl steigt, unser Selbstvertrauen wird gestärkt, es verleiht uns Selbstsicherheit. Dabei verbessert sich nicht nur die Motivation für weitere Leistungen, sondern auch die Beziehung zu demjenigen, der uns die Anerkennung entgegengebracht hat. Bei der Wertschätzung geht es ums menschliche Miteinander, also darum, unser Gegenüber als Menschen zu schätzen und ihn das spüren zu lassen.

In einer Krise brauchen wir besonders viel Vertrauen – Vertrauen darauf, dass wir die Krise gut überstehen, als Mensch, als Mitarbeiter, im Team, als Unternehmen, als Land. Vertrauen ist eine wichtige Basis für positive Beziehungen und eine gut funktionierende Zusammenarbeit!

Ihre

Antje Heimsoeth

Kapitel 1

ZIELE SETZEN, SEGEL HISSEN
ODER:
WARUM DU NAVIGATOR:IN
DEINES EIGENEN LEBENS BIST

Warum deine Entscheidungen nie allein über dein Schicksal entscheiden. Eine (wahre) Familiengeschichte

Johanna Dahm

Wie du vielleicht weißt, bin ich in einem Ärzte-Haushalt aufgewachsen. Als ich am letzten Freitag vor den Sommerferien der Mittelstufe aus der Schule kam, fragte mich mein Vater: »Welche Kurse hast du denn für die gymnasiale Oberstufe gewählt?« Ich antwortete: »Es sind Latein und Deutsch.« Nach einer gefühlten Ewigkeit entgegnete mir mein Vater: »Damit führt man aber keine Praxis.« Ich darauf: »Nein, denn ich werde deine Praxis auch nicht übernehmen«.

>> *Ich sagte nein, denn genau das war nicht mein Plan!* <<

Und genau das war eben auch nicht mein Plan. Als Einzelkind, das in einem Praxis-Haushalt in der vierten Generation groß wird, hast du eigentlich keine Wahl. Du hast kein Stimmrecht. Du hast für die Praxis, die Praxisübernahme und die Mitarbeitenden zu entscheiden, vielleicht wirst du neue einstellen, auf jeden Fall aber führst du das Unternehmen in die nächste Generation und legst Grundlagen für alle folgenden.

Aber für mich war damals klar, dass das für mich nicht gelten würde, denn ich hatte schon früh meinen Vater mit seinem Vater gesehen und erkannt, wie er oft uneins mit ihm war, was Mitarbeiter, Innovationen und Behandlungsmethoden betraf. Also sagte ich zu ihm: »Latein und Deutsch. Und ich werde vielleicht Journalismus studieren oder Kulturwissenschaft oder Kunst oder irgendetwas anderes. Und ich werde hinausgehen in die Welt, nicht aber in die Medizin.« Darauf war unser Gespräch für ihn zu Ende, er ging in sein Klavierzimmer und spielte vier volle Stunden lang. Meine Mutter und ich schauten durchs Fenster, hörten ihm zu und hatten Angst, dass er dieses Klavier nicht nur malträtierte, sondern dass es vielleicht in der Mitte auseinanderbrechen würde. Nach diesem Tag sprachen mein Vater und ich – und ich meine es, wie ich es sage – sieben Jahre kein Wort mehr miteinander. Diese sieben Jahre waren für mich die schlimmsten Jahre meines Lebens, denn nicht nur ich, sondern auch die Ehe meiner Eltern litt darunter und wäre wie dieses Klavier fast daran zerbrochen.

Was passierte? Ich wurde aus dem Finanzierungsplan meiner Eltern komplett gestrichen und machte doch mein Vorhaben wahr: Ich ging hinaus in die Welt und studierte. Ich finanzierte mein Studium mit drei Nebenjobs und immer war am Ende mehr Monat als Geld übrig. Manchmal vermietete ich mein Zimmer im Studentenwohnheim und schlief irgendwo bei Freunden auf der Couch. Aber ich habe es geschafft: Mein Diplom, später die mit summa cum laude abgeschlossene Promotion zeigte mein Vater seinen Studienkollegen und Freunden. Diese haben mir weit nach Ende seines Lebens berichtet, wie stolz er gewesen sein muss. Doch hat ihn seine gekränkte Eitelkeit davon abgehalten, es mir direkt zu sagen. Ich habe immer gespürt, dass ich mich trotz der Trennung von ihm nicht von meinem Weg abbringen lassen durfte. Dass sich die harte Arbeit für mein eigenständiges Leben lohnen würde.

Irgendwann habe ich den externen Nachfolger meines Vaters in »unserer« Praxis besucht. Er zeigte mir sogar ein Bild, das mein Vater ihm zum Andenken überreicht hatte – ich war als Kind mit rotem Schulranzen darauf zu sehen. Er muss häufig von mir gesprochen haben, voller Anerkennung, ja er soll sogar den Satz gesagt haben: »Die Kleine macht ihren Weg.« Heute denke ich daran mit einem Lächeln. Ja, Papa, ich habe meinen Weg gemacht, einen durchaus spannenden Weg, voll »von vielen Ländern und Menschen«, wie unser Lieblingslied von Robert Schumann lautet. Und dieser Weg ist noch nicht zu Ende.

Die Entscheidung selbst zu entscheiden

Henry Böster

Mein Name ist Henry.

In drei Minuten die Tragweite einer Entscheidung zu beschreiben, ist schwer bis unmöglich, denn es ist immer ganz stark davon abhängig, aus welcher Ausgangssituation man diese Entscheidung trifft. In drei Minuten zu beschreiben, wie meine Ausgangssituation war, ist unmöglich.

Ich habe es stundenlang probiert, Menschen zu vermitteln, die ein Interesse an mir haben. Ich habe jahrelang versucht, in meinen Partnerschaften zu vermitteln, welche Erfahrungen ich gemacht habe und welche Grundlage – und dadurch Tragweite – diese Zeit für meine Entscheidung und auch für mich selbst hatte. Am Ende entstand aber immer nur eine grobe Vorstellung von dem, was diese Entscheidung für mich bedeutet. Die

》...Gestaltungsfreiheit über das eigene Leben haben...!《

Ausgangssituation kann ich deswegen jetzt einfach nur in ein paar Schlagworte fassen – und ich bitte jeden, seiner eigenen Vorstellung freien Lauf zu lassen und diese um einen zweistelligen Wert zu multiplizieren.

Ich bin in einer Sekte aufgewachsen, die sehr strengen und restriktiven Regeln folgte. In dieser Sekte habe ich Gewalt erlebt und keinerlei persönliche Entwicklungsfreiheiten gehabt. Meine Kindheit war das, was man nicht mehr nur unter »eine schwere Kindheit« laufen lässt. Ich bin ohne Geburtstage, persönliche Identität, ohne Weihnachten, ohne »weltliche Unterhaltung« aufgewachsen. Es wurde definiert, wen ich später heiraten sollte und auf Bildung wurde kein Wert gelegt, weil die Welt bald untergehen würde. Mir wurde jede eigene Entscheidung in allen Lebensbereichen abgesprochen.

Als ich 16 wurde, habe ich für mich festgestellt, dass ich das so für mich nicht wollte und fing an, ein heimliches zweites Leben zu führen. Mit 19 habe ich mich entschlossen, mich von meiner Mutter abzuwenden und die Sekte zu verlassen. Meine Entscheidung war: Ich werde für mich selbst Entscheidungen treffen. Das war für mich die größte Entscheidung, denn ich musste sehr viel lernen – und lerne heute noch dazu. Insbesondere der normale Umgang mit ganz normalen Menschen fordert mich immer wieder heraus. Ich musste lernen, für mich selbst zu sorgen und mich selbst erst einmal kennenlernen. Wer bin ich, ohne dass jemand definiert, wie ich zu sein haben soll?

Aber: Ich bin meinen Weg gegangen. Ich habe die Defizite in meiner Bildung ausgeglichen, meine Ausbildung mit gut 30 nachgeholt und arbeite heute im Umfeld der Geschäftsführung eines IT-Unternehmens als Taskforce-Manager. Seit 10 Jahren habe ich ergänzend meine eigene Selbstständigkeit und berate Unternehmen.

Entscheidungen zu treffen bedeutet für mich auch: Die Gestaltungsfreiheit über das eigene Leben zu haben. Und auch wenn ich noch heute mit falsch eingepflanzten Verhaltensmustern kämpfe, ist es doch die größte, beste und wichtigste Entscheidung in meinem Leben gewesen.

Jeder ist seines Schicksals Schmied.

Wie ich zu meinem Traumberuf kam

Astrid Kohlwes

Mein Name ist Astrid Kohlwes und das ist meine Geschichte:

Schon mit 12 oder 13 Jahren war es mein Ziel, Sportlehrerin zu werden. Es war mein absoluter Traumberuf. Folglich habe ich alles dafür gegeben, dieses Ziel zu erreichen. Mein Sportstudium war bereits recht weit fortgeschritten, da begeisterte sich meine Stiefmutter plötzlich für das Golfen – und wenn ich von Begeisterung spreche, dann meine ich das auch so. Ab diesem Zeitpunkt gab es für sie kein anderes Gesprächsthema mehr. Ehrlich gesagt habe ich angesichts dieser Begeisterung meist die Augen verdreht. Für mich als Sportstudentin war das kein Sport.

Trotz dieses Vorurteils entschied ich eines Tages, mir diese »Sportart« zumindest einmal anzuschauen. Nach dem Motto: Ist kein Sport, aber hab' ich auch mal ausprobiert. So unscheinbar diese Entscheidung auf den ersten Blick auch wirken mag, für mich sollte sie sich als ungemein bedeutend erweisen.

In den Semesterferien nahm ich also eine Woche lang Unterricht. Auf dem Platz geschah es dann – die Idee des Spiels begeisterte mich. Der Ball muss von A nach B, dafür braucht es eine Strategie und es gilt Herausforderungen zu meistern. Dieser Spiegel des Lebens hat mich derart gefesselt, dass ich umgehend einem Club beitrat. Golf wurde zu meinem intensivsten Hobby.

Im Jahr darauf beendete ich meine semiprofessionelle Volleyball-Karriere und konzentrierte mich neben dem Studium voll auf Golf. Je mehr ich mich damit beschäftigte, desto einnehmender wurde meine Begeisterung für das Spiel. Nach meinem Studium stand für mich deshalb fest: Ich würde Golfprofi werden! Das Problem war, dass ich natürlich noch längst kein professionelles Level erreicht hatte. Deshalb verbrachte ich die nächsten vier Jahre mit viel körperlichem sowie mentalem Training. Hinzu kamen Reisen zu bekannten Trainern im In- und Ausland.

)) Ich bin unendlich froh, dass ich einst den Mut hatte, meinen Traum zu verwirklichen!((

Dank dieser Beharrlichkeit erfüllte ich 1995 schließlich die Voraussetzungen für eine Ausbildung zur Golflehrerin. Diese absolvierte ich mit Bravour und unterrichtete danach noch ein Jahr in einem Golfclub. Im Anschluss daran wollte ich meine vermutlich letzte Chance nutzen, richtige Profiturniere zu spielen. Man wird ja nicht jünger. Ein Jahr später, ein Jahr intensiven Trainings und zahlloser Turnierteilnahmen, erreichte ich dann endlich mein großes Ziel: Ich wurde Spielerin der europäischen Damentour.

Das blieb ich für vier Jahre. Als mir mein Golfclub die Stelle der Managerin anbot, sagte ich dem Turnierleben allerdings Adieu. Die Aussicht darauf, meinen Studienschwerpunkt nun in der Praxis anwenden zu können, war ein mehr als überzeugendes Argument.

Vier Jahre später zog es mich dennoch wieder auf die Driving Range. Seitdem bin ich wieder als Golflehrerin tätig und sehr glücklich in meinem Beruf. Ich bin unendlich froh, dass ich einst den Mut hatte, meinen Traum zu verwirklichen. In der Tat war die bedeutendste Entscheidung meines Lebens eine ziemlich unscheinbare. Ein Vorurteil für einen Moment beiseitezuschieben, wirkt nicht wie eine große Sache – für mich war es jedoch lebensverändernd.

Visionen Wirklichkeit werden lassen

Christian Brink

Manchmal entstehen aus unserem tiefsten Herzen heraus ganz unvermittelt Fragen, die dafür sorgen, dass wir unser Leben ändern. So erging es mir im Sommer 2010, an einem Tag, der meine Zukunft verändern sollte. Es war ein heißer Tag draußen, doch drinnen, an meinem Arbeitsplatz, war es sowieso immer warm. Ich arbeitete in einem Labor, in dem Kunststoffe be- und verarbeitet wurden. Während ich an einer Maschine meiner Arbeit nachging, kam in mir die Frage auf: »Will ich das, was ich hier gerade mache, die nächsten zehn Jahre machen?« Nebenberuflich war ich zu diesem Zeitpunkt als Personal-Trainer unterwegs und hatte so die Möglichkeit, Menschen beim Erreichen ihrer Ziele zu unterstützen – privat und beruflich. Dabei ging es natürlich um den sportlichen, gesundheitlichen Aspekt, doch gleichermaßen um die mentale Einstellung. Die Reaktion auf meine innerlich gestellte Frage kam prompt und war ein ganz lautes »NEIN«. Zu meiner Verwunderung fragten mich Kollegen, ob alles okay sei. Ich hatte nichts gesagt und doch hatten sie etwas gespürt ... Das war der Moment der Entscheidung, zum Ende des Jahres 2010 meinen sicheren Job aufzugeben und meinem Herzen in die Selbstständigkeit zu folgen.

» Wow, jetzt ist es so weit. JETZT bin ich meines eigenen Glückes Schmied! «

Dann kam mein letzter Tag. Der Tag, an dem ich das Unternehmen verließ. Statt wie normalerweise durch die Drehtüren für Mitarbeiter zu gehen, wie ich es jahrelang getan hatte, zog es mich an diesem Tag durch das riesengroße Tor für die Lkws. Mit jedem Schritt aus diesem Tor wurde ich immer größer. Ich wusste nicht, was passiert, doch ich hatte das Gefühl, mir wachsen Flügel. Ketten wurden gesprengt, die mich jahrelang an einem Ort gefangen gehalten hatten, an dem ich eigentlich gar nicht sein wollte. Ich wusste nicht, wie es weitergeht. Zum ersten Mal in meinem Leben sah ich vor mir eine leere weiße Wand und dachte: »Wow, jetzt ist es so weit. JETZT bin ich meines eigenen Glückes Schmied.« Das, was die ganze Zeit in mir brannte, was mich nicht zur Ruhe kommen ließ, durfte ich nun endlich leben.

Raucher oder Nichtraucher – das ist hier die Frage?

Thorsten Eger

Eins, zwei, drei – rauchfrei! Klingt so einfach, so banal. War es aber nicht – zumindest für mich nicht! Es war ein zäher Kampf und hier kommt die dazugehörige Geschichte.

Im Alter von 14 Jahren startete ich meine Rauchkarriere. Eine bewusste Entscheidung, denn ich wollte zu den »Cool-Kids« gehören. Anfangs nur gepafft, gab es bald den ersten Lungenzug. Ich kann mich noch lebhaft daran erinnern. Meine

>> ... mit dem Rauchen aufzuhören. Sofort! Und es ging! <<

Freundin gab mir folgende Anleitung: »Zieh' an der Zigarette, halte den Rauch im Mund, atme schnell tief ein und sag' zugleich: ›Huch, die Mama kommt‹.« Gesagt, getan. Und der Hustenanfall folgte. Ich dachte, ich ersticke. Doch anstatt zu erkennen, dass das Rauchen nicht gut sein kann, versuchte ich es so lange, bis ich nach unzähligen weiteren Hustenanfällen den perfekten Lungenzug schaffte. Denn mein Ziel war klar: zu den »Cool-Kids« zu gehören.

Anfangs waren es ein paar Zigaretten am Tag, recht bald ein halbes Päckchen. Am Ende war es mindestens eins am Tag. Die Zigarettensucht hatte mich im Griff. Fortan mussten Zigaretten immer im Haus sein. Notfalls lief ich auch nachts zum nächsten Automaten.

Mit 24 Jahren dann der Schock. Ski-Ferien standen an und ich wollte mich fit machen mit Ski-Gymnastik an der Uni Frankfurt. Mit

Dutzenden Kommilitonen stand ich hoch motiviert in der Sporthalle. Los ging's. Im großen Kreis laufen. Ich rannte die erste Runde, die zweite Runde schon merklich langsamer und dann der Kollaps. Nach ca. 200 Metern, einem gefühlten Marathon, war ich »am Arsch«. Ich röchelte, meine Lunge pfiff wie ein alter Dampfkessel und ich dachte nur, mit 24 Lenzen bin ich ein Konditionswrack. Ich brach ab, ging mit horrenden Lungenschmerzen heim und saß frustriert auf meiner Couch. Was tun? Die Zigaretten aufgeben? Das wäre die logische Schlussfolgerung! Doch in guter Rauchermanier steckte ich mir erst einmal eine Zigarette an. Kaum hatte ich den ersten Zug genommen, war der Lungenschmerz noch stärker und auf einmal wieder mit Husten – mindestens genauso schlimm wie der Hustenanfall, den ich nach dem Satz »Huch, die Mama kommt« hatte. Just in diesem Moment gab es für mich dann nur eine Entscheidung: Die Umkehrung der Ursprungsentscheidung, nämlich mit dem Rauchen aufzuhören. Sofort! Und es ging!

Doch 12 Monate und viele zusätzliche Kilos später kam der erste Rückfall. »Lass mich mal ziehen, eine Zigarette geht doch«, dachte ich mir. Ich war ja Nichtraucher. Aber es kam die nächste Zigarette und wieder die nächste, und das in immer kürzeren Abständen. Ruckzuck war ich wieder bei einem Päckchen. Im Alter von 27 Jahren dann ein weiterer Versuch, die Kippen aufzugeben. Wieder scheiterte ich – oder besser gesagt, ich lernte, dass der von mir gewählte Weg mich wieder nicht zum Ziel führen würde.

Mit 29 Jahren die gleiche Entscheidung mit neuer Methode und abermals ohne Erfolg. Mit 32 Jahren kam ich ins Krankenhaus – Leistenbruch. Drei Tage musste ich im Bett verbringen – also die Gelegenheit, es erneut zu probieren. Diesmal traf ich jedoch eine weitere Entscheidung. Nämlich nicht nur mit dem Rauchen aufzuhören, sondern gleichzeitig mit dem Sport anzufangen. Ich begann zu joggen. Und sieh an, das war mein Weg. Anfänglich tat die Lunge beim Jogging weh, es wurde aber zunehmend besser. Und irgendwann hatte ich es geschafft!

Seit 18 Jahren bin ich nun rauchfrei und beschreibe mich seither als glücklicher, nicht rauchender Raucher. Warum erzähle ich das? Alles begann mit einer Entscheidung, dann folgte die Entscheidung, die erste Entscheidung zu revidieren. Das Ziel war klar, die Umsetzung nicht so sehr, zumindest anfangs.

Drei meiner »Learnings«:

1. Jede Person kann Entscheidungen gezielt und bewusst treffen.
2. Wenn das Ziel nicht gleich erreicht wird, dann liegt es nicht unbedingt an der Entscheidung, sondern, wie in meinem Fall, an der Umsetzung.
3. Um ans Ziel zu kommen, musste ich meinen eigenen Weg finden. Ratschläge anderer habe ich angenommen, jedoch war es letztlich mein selbstdefinierter Weg, der mich zum Ziel führte.

Ich habe meine Entscheidung, »rauchfrei« zu werden, niemals bereut. Ganz im Gegenteil, denn nun lebe ich nicht nur gesünder, sondern bin endlich auch ein »Cool-Kid«. 😉

Kapitel 2

WANDEL ALS KONSTANTER KURS – VON DER STRATEGIE BIS ZUM ENTSCHLUSS

Zeitliche Freiheit ist eine Entscheidung – Zeit-Mangel auch

Selma Sona Gerstenberg

Da lag ich nun im Krankenhausbett und schaute fassungslos auf die Infusion mit Schmerzmitteln und Antibiotika. Mein Gesicht war rot, heiß und pocherte. Ausgerechnet mein fast zugeschwollenes Auge öffnete mir die Augen.

Was war passiert?

Vordergründig sah die Fassade großartig aus. Ich holte als Teamleiterin dank einer Kombination aus Team-Sales-Trainings und 1:1-Transformations-Coachings das Beste aus meinem Team heraus. Ich erreichte meine ehrgeizigen Ziele und brach alle Sales-Rekorde. Planungen, Seminare auf Mallorca, in Florida oder der Dom Rep. Ich performte beeindruckend. Maximale Erfolge. Momentum aufbauen, Motivation, Komfortzone sprengen, Einwand/Vorwand/Einwand-Vorweg-Behandlung, Verkaufshypnose, nonverbale Kommunikation, der Wert der Werte im Verkauf und in der Mitarbeiter-Führung, 110 Prozent, die Extra-Meile gehen, Ziele erreichen, Visionen: Yes. Ich liebte es, aus den Verkaufszahlen meines Teams und meinen eigenen abzulesen, wie wirksam mein Coaching in der Praxis war, weil Sales-Coaching für mich Persönlichkeitsentwicklung ist. Ich schlief vier Stunden pro Nacht, um mit dieser Zeit-Ersparnis vier Wochen Zeit im Jahr zu gewinnen.

»Diagnose«: schneller, weiter, besser.

Eigentlich war ich zufrieden. Ich hatte nur keine Zeit. »Ich habe keine Zeit«, war mein tägliches Mantra. Aber auch dafür fand ich Lösungen. Ich war stolz auf mich, dass ich beim Autofahren sogar mit Stäbchen Sushi essen konnte, während ich gleichzeitig die Fahrzeit für telefonische Besprechungen nutzte. Ich aß, wenn ich es nicht vergaß, ausschließlich draußen, meist to go. Manchmal dauerte mir selbst das zu lange und dann ging ich einfach weiter. Ich hatte keine Zeit, diesen Mann kennenzulernen, der mir am dritten Tag erklärte, dass er mit mir eine Familie gründen wolle. Es war bei uns beiden Liebe auf den ersten Blick, aber ich erklärte ihn mit seiner frühen Familienplanung für merkwürdig und mich für beziehungsunfähig und außerdem hatte ich für ein Kennenlernen wirklich keine Zeit. Ich hatte keine Zeit für diese Beziehung, weil da kurzfristig ein Wochenend-Seminar war oder ein zusätzliches Meeting. Ich fuhr sehr spät zu ihm und sehr früh morgens wieder weg, bis er eines Tages aus meiner damaligen Sicht abrupt die Beziehung beendete, kategorisch jeden Kontakt abbrach und ins Ausland ging. Nach langem Kontaktabbruch sind wir heute Freunde.

>)) *Mein Verhältnis zu mir selbst bestimmt mein Verhältnis zur Zeit!* ((

Ich hatte keine Zeit, zum Zahnarzt zu gehen, obwohl mein Zahn seit Wochen pochte. Bis der Zahnarzt der bis Mitternacht geöffneten Praxis mir erklärte, ich müsse dringend ins Krankenhaus, weil die Entzündung bis über die Augenbraue gefährlich für das Gehirn sei. Ich dachte: »der versteht es nicht.« Für sowas hatte ich nun erst recht keine Zeit. Da lag ich nun und musste zusehen, wie meine mühsam durch das Zeitsparen gewonnene Zeit Tropfen für Tropfen, Sekunde um Sekunde zerrann. Der Infusionstropf erschien mir wie eine Sanduhr. Einmal durchgelaufen: vorbei. Unwiederbringlich. Die durchgelaufene Sekunde für immer vorbei. Der Moment von eben bereits Vergangenheit. Und die nachfolgende Sekunde auch schon wieder vorbei. Unerbittlich. Endlich begriff ich, dass ich Zeit weder sparen noch gewinnen konnte. Ich konnte sie nicht einmal managen, denn da gab es nichts zu managen. Die Zeit läuft zuverlässig simpel Sekunde um Sekunde vollautomatisch weiter. Mein straff durchgetakteter Terminkalender zeigte mir, dass Zeit-Mangel zwar ein Mangel war, aber eben nicht an Zeit. Ich hatte keine Zeit? Die Wahrheit war, ich hatte sie. Ich hatte Zeit. Und ich schaute ihr gerade zu, wie sie tröpfchenweise zerrann. Ich verstand, dass die Zeit vollkommen unbeeindruckt davon verstrich, ob ich der Meinung war, Zeit für die Zeit zu haben oder nicht. Tropf, Tropf. Tick Tack. Sie lief unbeeindruckt weiter. Ich hatte Zeit. Die Frage war nur, wie ging ich mit ihr um? Wie mit mir? Wofür nahm ich mir Zeit? Wofür nicht? Warum? Und warum nicht? Wozu? Und wozu nicht? Mein Verhältnis zu mir selbst bestimmt mein Verhältnis zur Zeit.

Ich war dankbar, dass ich die Botschaft meines Körpers verstand und dank meines geschwollenen Auges plötzlich klar sehen konnte. Ich war eigentlich zufrieden, nur nicht wirklich glücklich. Auf meinem Weg raus aus meinem Zeit-Mangel stolperte ich zunächst über das Konstrukt Aus-Zeit und Work-Life-Balance. Aus-Zeit zum Preis einer In-Zeit, in der ich eigentlich zufrieden, aber nicht wirklich glücklich bin? Arbeitszeit ist Lebenszeit, um welche Balance ging es also wirklich? Auf meinem Weg in meine zeitliche Freiheit stolperte ich, erlebte Rückschläge, aber ich gab nicht auf und setzte mich intensiv mit mir und dem Phänomen Zeit auseinander. Mit jeder Reflexion, mit jeder Transformation kam ich mir selbst immer näher. Ich verstand, dass die Lösung für zeitliche Freiheit nicht auf der Ebene der Zeit liegt, sondern auf der emotionalen Ebene.

Heute genieße ich zeitliche Freiheit und helfe visionären Menschen raus aus ihrem Zeit-Mangel, rein in ihre zeitliche und emotionale Freiheit.

Denn unsere Zeit-Qualität bestimmt unsere Lebens-Qualität.
Wie willst du es haben?
Deine Selma Sona
#SelmaSona

Wertebasierte Entscheidungen

Sabrina von Nessen

Essenzielle Entscheidungen in nur einer Sekunde zu treffen, ohne Entscheidungsmatrix und Pro-und-Kontra-Liste? Unmöglich sagen Sie? Lassen Sie mich Ihnen eine Geschichte erzählen.

An einem regnerischen, depressiven Herbsttag war ich eingeladen, eine Rede im renommierten Volkshaus Zürich zu halten. Zwar freute ich mich auf den Abend, zumal es um mein Lieblingsthema »Emotional Leadership« ging, gleichzeitig – Sie kennen das – war es einer dieser Tage. Der Stöckel war abgebrochen, die Laufmasche bahnte sich unbeirrbar ihren Weg und mein Navi führte mich gefühlte 27-mal durch ganz Zürich.

Trotz allem bewahrte ich mir die Vorfreude und schaffte es gerade noch rechtzeitig zur Veranstaltung. Ich legte schnell Mantel und Handtasche ab und begab mich zum »Verkabeln« und zum Technik-Check. Für alle Nicht-Redner: Das ist der Moment, in dem der Techniker bemüht ist, den Taschensender an der Shapewear vorbei möglichst unauffällig im Kleid zu verstecken. Er blickte betont objektiv drein, während er durch den rückwärtigen Schlitz am Kleid bis in die Unterhose kroch, und ich versuchte, ebenso professionell und unbeteiligt zu wirken.

Derweil ließ ich den Blick durch den gut gefüllten Saal schweifen und fokussierte mich auf die Zuschauer, die Bühne, den bevorstehenden Auftritt. Deshalb nahm ich sie zunächst auch nur schemenhaft am äußeren Rand meines Blickfeldes wahr: eine dunkle Gestalt, die sich meiner Handtasche näherte. Dazu muss man wissen, meine (und sicherlich auch Ihre) Tasche ist nicht nur ein Accessoire. Aus ihr könnten Sie problemlos eine Kleinfamilie drei Wochen lang ernähren und nach einem Autounfall Schwerverletzte versorgen. Da steckt ein ganzes Leben drin.

Ich nahm also wie im Halbkoma wahr, wie Rumpelstilzchen eben diese Tasche an sich nahm. Natürlich lehnte ich diese visuelle Wahrnehmung rational spontan ab: »Das kann ja gar nicht sein, das ist reine Einbildung. In der Schweiz passiert so etwas nicht.« Nun, es konnte sein, und guter Rat war nicht nur teuer, sondern in Sekundenschnelle auch nicht verfügbar. Fight, Flight or Freeze – wie nur sollte ich reagieren?

Während der Techniker noch an prekären Stellen zugange war, traf ich in einer Zehntelsekunde eine Entscheidung. Ich riss mir nicht die Kabel samt Kleid vom Leib, rannte den Techniker nicht unsanft über den Haufen und hechtete dem Dieb nicht durch die Menschenmenge hinterher. Ich schloss die Augen, atmete ein, atmete aus, ging erhobenen Hauptes auf die Bühne und hielt etwas zittrig meine Rede.

》》Egal was oder wer mir geschehen mag, ich bin kein Opfer, sondern Entscheider! 《

Nicht nur prominente Hersteller von Babynahrung können mit ihrem Namen für etwas einstehen – auch ich und Sie. Ich hatte das Versprechen gegeben, diese Rede zu halten. Daher entschied ich mich für meine Werte und mein Verständnis von »Emotional Leadership«. Denn ich bin Teil der Lösung, ich halte mein Wort und übernehme Verantwortung. Egal was oder wer mir geschehen mag, ich bin kein Opfer, sondern Entscheider.

Wenn auch Sie zum Gestalter Ihres Lebens werden möchten, um voller Zuversicht und Mut in die Zukunft zu blicken, dann treffen Sie heute in Sekundenschnelle eine essenzielle Entscheidung und sprechen Sie mich an. Gemeinsam werden wir die Geheimnisse erfolgreicher Selbstführung ergründen. Auf bald!

Durch Perspektiven-Wechsel zur Gesundheit

Wiltrud Ancara Clarner

Manche Entscheidungen, die man im Leben mal getroffen hat und die wichtig waren, vergisst man auch wieder. So hat mich gestern eine liebe Mitautorin, die gerade in einem Psoriasisschub ist, wieder daran erinnert, und ich möchte diese kleine Geschichte einer wichtigen Entscheidung mit euch teilen.

Als mein Sohn noch klein war, bekam er viele rote, trockene Stellen auf seine Haut, die juckten. Da ich zu diesem Zeitpunkt selbst noch Psoriasis (Schuppenflechte) hatte, bekam ich Panik und ging mit ihm zum Arzt. Dieser meinte, er hätte Neurodermitis, und ich holte mir dann noch andere Meinungen ein. Mit der Diagnose Neurodermitis ging ich dann zu einem Heilpraktiker, der sich darauf spezialisiert hatte.

> *Alles ist eine Sache des Bewusstseins und jederzeit veränderbar, da Bewusstsein alles ist!*

Als er mir dann offenbarte, was ich alles mit dem Kind machen sollte, kamen mir die Erwachsenen und Kinder mit ihren Neurodermitisleiden ins Gedächtnis und auch meine ständige Präsenz in der Hautklinik.

Zuerst war ich sehr verzweifelt, denn das wollte ich für mein Kind nun wirklich nicht. Zu diesem Zeitpunkt meditierte ich schon und so setzte ich mich zur Meditation hin. Da kam der Einfall, und ich erinnerte mich, dass ich, als ich in der Ausbildung war und Krankheitsbilder auswendig lernen musste, immer die Symptome der jeweiligen Krankheitsbilder, mit denen ich mich beschäftigte, auch bekam. Das ist ein Phänomen, das in der Medizinausbildung bekannt ist, durfte ich feststellen, als ich mit anderen darüber sprach. Mit diesem Phänomen war ich also nicht allein, aber was steckt dahinter, habe ich mich gefragt und forschte in mir weiter und kam zu dem Ergebnis: Wenn ich mich nur gedanklich damit beschäftige und Symptome bekomme, dann findet diese Krankheit zuerst nur in meinem Kopf statt, bevor sie sich manifestiert. Diese Erkenntnis ließ mich weiter forschen und ich erkannte mehr Zusammenhänge zwischen Psyche und Körper.

All das fiel mir in der Meditation wieder ein, und jetzt kam meine *Entscheidung*.

Ich wusste, dass alles mit dem Bewusstsein eines Menschen zusammenhängt und über das Bewusstsein vieles möglich ist. Da eine Mutter mit ihrem Kind sehr verbunden ist, traf ich die Entscheidung für mein Kind, diese Diagnose in meinem Bewusstsein nicht anzunehmen und mein Kind stattdessen fröhlich und gesund zu sehen. Ich änderte sozusagen *in mir* mein Bewusstsein in Richtung Gesundheit für mein Kind, damit trennte ich die falschen Annahmen und Glaubenssätze. Durch diesen Perspektiven-Wechsel konnte ich zusehen, wie die Haut von Tag zu Tag besser wurde und mein Sohn bis heute nichts mehr mit Hautproblemen zu tun hat. Alles ist eine Sache des Bewusstseins und jederzeit veränderbar, da Bewusstsein alles ist. Dieses Erleben erfüllte mich mit großer Dankbarkeit.

»Die Sicht der Dinge« wurde geboren

Heinz-Werner Kopp

Hallo, ich bin Heinz-Werner.

Ja, auch ich habe in meinem Leben sehr viele Entscheidungen getroffen. Die wichtigste Entscheidung meines Lebens war für mich so wichtig, dass ich sie sogar zweimal getroffen habe.

Es war die Entscheidung für das Leben.

> *... diese wundervolle Sprache heißt Empathie. Sie hat mir das Leben gerettet!*

Das erste Mal habe ich sie mit dem ersten Atemzug getroffen, als ich 1971 auf diese wundervolle Welt gekommen bin und direkt damit begann, diese neue Welt zu erforschen. Beim zweiten Mal war jedoch mein Gesicht voller Tränen. Das ist jetzt circa acht Jahre her. Ich hatte eine schwere depressive Phase und gleichzeitig auch noch einen Burn-out, als meine damalige Ehefrau früher von der Arbeit nach Hause kam und mir ihre Entscheidung mitteilte. Und zwar die Entscheidung, dass wir ab diesem Tag keine Familie mehr sein würden. Eine harte Woche später hatte ich für mich persönlich eine Entscheidung getroffen. Eine Entscheidung, die weltweit 180 000 Menschen pro Jahr nicht überleben.

In allerletzter Sekunde entschied ich mich zum Glück wieder und nun zum 2. Mal für das Leben. Und das war zugleich die Entscheidung, auf die Suche nach dem Warum zu gehen. Warum nehmen sich Menschen das Leben? Es entstand in mir die Vision, die Zahl von 180 000 Suiziden weltweit pro Jahr zu halbieren.

Zum ersten Mal standen auf einem weißen Blatt Papier die Worte »Die Sicht der Dinge«, was heute der Titel meines Vortrags ist. Ich möchte dir drei Dinge in Bezug auf Entscheidungen mit auf den Weg geben, die aus meiner Sicht der Dinge sehr wichtig sind.

Erstens:

Gib den Entscheidungen, die andere fällen, nicht die Macht über dich, denn es sind nicht deine Entscheidungen.

Zweitens:

Es gibt immer einen Weg, wieder zurück ins Glück zu finden. Ich bin der lebende Beweis.

Drittens:

Triff bitte so früh wie möglich die Entscheidung, dich persönlich weiterzuentwickeln. Die meisten Menschen fangen, genau wie ich damals, erst damit an, wenn der Schmerz bereits viel zu groß ist. Finde heraus, wer du wirklich bist.

Lerne die Sprache, mit der du zwar auch andere, aber vor allem dich selbst und dein Verhalten besser verstehst. Diese wundervolle Sprache heißt Empathie. Sie hat mir das Leben gerettet.

Ich wünsche mir, dass auch du, vor allem in schweren Zeiten, mal den Blickwinkel änderst und so eine andere »Sicht der Dinge« bekommst.

Vertraue deiner Intuition und triff aus dem Herzen deine Entscheidung

Christiane Kuhlmann

Ich möchte mit dem Satz beginnen: »Wir können uns Geschichten erzählen und zugleich Ergebnisse produzieren.« Wichtig ist, bei Entscheidungen für sich einzustehen. Dafür bedarf es Mut zum Risiko.

Meine Schwester lag im Krankenhaus und hatte gerade eine schwere Krebsoperation gehabt. Als ich sie besuchte, fieberte sie und es ging ihr schlecht. Meine Schwester bat mich darum, einen Arzt zu suchen zur Abklärung. Ich wusste nicht, was sie hatte, doch meine innere Stimme sagte mir: Du musst handeln! Völlig nervös und überfordert setzte ich mich vor das Zimmer des Chefarztes, der Einzige, der am späten Freitagnachmittag noch vor Ort war. Er nahm meine bewegenden Worte ernst, obgleich ich erst 17 Jahre alt war, und sah sich meine Schwester an. Kurzfristig musste eine aufwendige Notoperation organisiert werden. Eine über mehrere Stunden andauernde Operation war das Ergebnis. Wenige Tage später erfuhren wir, dass es einige Stunden danach zu spät für meine Schwester gewesen wäre. Daraus habe ich gelernt: Schnelle und mutige Entscheidungen können lebensrettend sein. Wie gerne verschieben wie Entscheidungen. Wir nutzen häufig irgendwelche Ausreden und jonglieren diese abwägend in unserem Kopf. Das Gehirn ist stets Bedenkenträger und analysiert vergangene Informationen, um uns vor zukünftigen negati-

> »Schnelle und mutige Entscheidungen können lebensrettend sein!«

ven Erfahrungen zu bewahren. Mein Kopf hätte in der Situation sicher gesagt: Du bist so jung – und dann den Chefarzt ansprechen? Darf ich das? Werde ich abgewiesen? Das Gehirn versucht immer auf Überlebensmodus zu gehen. Du selbst merkst, dass du mit dem Kopf keine schnelle Entscheidung findest, keine schnelle Lösung. In meiner Situation war Mut gefragt und eine schnelle Entscheidung. Mein Herz war der rechte Berater, denn das Herz ist autonom und steht immer für Leben. Das Herz hat nur leise Töne und meistens überhören wir sie. Das Gehirn steht für Überleben und das Herz für Leben, und dieser Weg vom Kopf bis zum Herzen ist 30 cm lang. Das bedeutet: Triff die endgültige Entscheidung immer aus dem Herzen heraus. Trainiere es in guten Zeiten, dann vertraust du ihm auch in der Not. In kritischen Situationen zähle einfach runter: 3-2-1-Entscheidung! Sagt dein Herz Ja und hüpft vor Freude, dann folge diesem Ja. Wenn dein Herz unentschlossen ist, dann lässt du es, egal was andere sagen. Dein Herz ist dein bester Berater.

Meiner Herzensentscheidung vertraue ich bis heute, sie hat damals ein Leben gerettet. Dieser Intuition vertraue ich immer wieder und sie hilft mir in meinem Lebensalltag.

Wie treffe ich die richtige Entscheidung?

Jessica Rumpf

2020, ein Freitagmorgen im Sommer. Es ist der wärmste Tag des Jahres. Eine junge Frau wird in ihrem Bett wach, sie muss auf die Toilette. Auf dem Weg ins Badezimmer läuft ihr bereits Wasser die Beine herunter und sie stellt fest: Es ist der Blasensprung. Das Baby kommt heute. Welch eine Freude! Sie ruft die Hebamme an, denn geplant ist eine Hausgeburt. Und kurz darauf auch ihren Mann, denn der hat sich nochmal auf den Weg zum Kunden gemacht. »Schatz, komm nach Hause, das Baby kommt!« Es dauert nicht lange und kurz danach setzen die Wehen ein. Die Schmerzen überrennen die junge Frau von jetzt auf gleich. Sie kann die Wehen gar nicht richtig veratmen. Sie gibt sich Mühe und kämpft immer weiter. Stunde um Stunde vergeht, und es passiert nichts. Innerlich spürt sie, dass etwas nicht stimmt. Am späten Nachmittag ist es so schlimm, dass sie einfach nicht mehr kann. Da die Hebamme keine Schmerzmittel verabreichen darf, entscheidet das Paar, gemeinsam in die Klinik zu fahren. Vor Ort kann die Frau aufgrund eines Schmerzmittels endlich durchatmen und wieder klar denken. Doch die Pause hält nur kurz an und die Wellen überrennen sie wieder. Stunde um Stunde, Minute um Minute und nichts passiert. Der Muttermund bleibt bei fünf Zentimetern stehen. Um kurz vor Mitternacht raten die Ärzte zu einem Kaiserschnitt. Das Baby liegt nicht optimal, der vorzeitige Blasensprung liegt schon weit über

> »... denn wir alle werden im Leben vor Entscheidungen stehen, die wir nicht haben kommen sehen!«

12 Stunden zurück und wenn das Kind in Stress gerät, kann es zu einem Notkaiserschnitt kommen. Eine schwierige ENTSCHEIDUNG.

Wie du wahrscheinlich erahnt hast, war ich diese junge Frau. Es fällt mir nicht leicht, darüber zu sprechen, denn ich habe bisher nur meinem engsten Kreis davon erzählt. Aber es gibt einen Grund, warum ich das heute mit dir teilen möchte. Denn es war eine Entscheidung, die wir für eine andere Person treffen mussten, nicht nur für uns selbst. Wir haben uns selbstbestimmt und intuitiv für den Kaiserschnitt entschieden. Kopf, Herz und Bauch haben in diesem Moment gesagt: »Hauptsache, unserer Tochter geht es gut und sie kommt gesund zur Welt.« In diesem Moment weißt du einfach nicht mehr richtig weiter. Du bist völlig erschöpft und hast diese Vorstellung von einer selbstbestimmten Hausgeburt, und plötzlich findest du dich im Krankenhaus wieder, kurz vor dem Kaiserschnitt. So hatte ich das nicht geplant. Es ist gut, dass ich meinen MUT aufgebracht habe, um meine Botschaft mit dir zu teilen. Denn wir alle werden im Leben vor Entscheidungen stehen, die wir nicht haben kommen sehen. Gerade dann ist es besonders wichtig, nicht zu verzweifeln.

Wenn du eine richtige Entscheidung treffen möchtest, dann triff sie mit deinem HERZEN, mit deiner INTUITION und auf Basis deiner WERTE.

WERTEvollen Dank.

Meine Vision

Michael Biedenbach

Im Herbst 2017 war ich bei einem zweitägigen Seminar zur Persönlichkeitsentwicklung (No Limits) von Marc Galal, einem der besten Verkaufstrainer Europas. Am zweiten Tag machten wir gemeinsam eine Visionsübung mit 2000 Teilnehmern. Im Hintergrund lief eine magische Musik und die Stimmung war fantastisch. Marc führte uns Schritt für Schritt tiefer in unsere Zukunftsvision. Die Energie im Raum stieg und stieg. In der letzten Stufe der Visionsübung sah ich plötzlich ein Bild von einem riesigen Fußballstadion mit ca. 50 000 Zuschauern und ich stand auf der Bühne und sprach zu ihnen: »Ihr seid Gott!« Ich habe sie an ihr göttliches Wesen erinnert und sie haben gefeiert und sich gefreut. So etwas hatte ich noch nicht erlebt. Hast du schon einmal eine Vision gehabt? Plötzlich hatte ich ein Bild von meiner Zukunft in mir. Dieses Bild verbunden mit dem Gefühl der Erfülltheit kann ich seitdem jederzeit reaktivieren. Und ich konnte gar nicht anders: In diesem Moment habe ich mich entschieden, Speaker zu werden.

Bis dahin hatte ich Entscheidungen überwiegend aus dem Kopf heraus getroffen: Ich will dies, das und jenes und habe dann die notwendigen Schritte eingeleitet. Vielleicht kennst du das? Doch diesmal kam die Entscheidung von innen heraus und sie war mit einem inneren Feuer verbunden. Und seitdem ist ganz viel Schönes passiert. Diese Dinge sind nicht anstrengend. Sie kommen mit Leichtigkeit auf mich zu. Ich habe eine fantastische Speakeragentur kennengelernt, die mir Kontakte zu Veranstaltern von Speaker-Events hergestellt hat. Ich habe einen monatlichen Online-Speaker-Stammtisch gegründet, wo sich tolle Speaker miteinander vernetzen, gemeinsam wachsen und sich Veranstalter und Auftraggeber kennenlernen. In diesem Rahmen finden zweimal pro Jahr Speaker-Events statt, bei denen 10 Speaker je 4 Minuten die Bühne rocken und der Gewinner mit einem Award ausgezeichnet wird. Ich bin also auch Veranstalter geworden. Auf ca. 30 Offline- und Online-Bühnen im In- und Ausland habe ich seitdem gestanden, über mein Thema »Erfolg mit Herz« gesprochen

》Die Vision hat etwas in Gang gesetzt, das ich nicht erklären kann!《

und Menschen inspiriert. Das macht mir großen Spaß. Ich habe mit meiner Speaker Agentur über meine Weiterentwicklung zum Top-Speaker gesprochen. Der Tipp war: Schreib ein Buch. Alle TOP-100-Speaker haben ein Buch. Und ich fing an zu schreiben. Anfang 2022 kommt es nun endlich heraus. Die Vision hat etwas in Gang gesetzt, das ich nicht erklären kann. Ein Fluss von unendlich vielen Gelegenheiten und Geschenken. Vielleicht kann ich dich mit meiner Geschichte inspirieren, deine eigene Vision zu finden, falls du sie noch nicht selbst gefunden hast. Es muss nicht wie in meinem Fall mit 2000 Teilnehmern in einem Seminar sein. Es kann auch in der Stille, z. B. in der Natur, sein. Schließ die Augen und konzentriere dich auf deinen Atem, dann verbinde dich mit deiner Vision.

MUT zum Aufbruch

Aster Neway

Ein afrikanisches Sprichwort besagt: »Wer sich von Träumen ernährt, wird nie verhungern.« Dieses Sprichwort war wie für mich gemacht. Mein »großer Traum« schon als junges Mädchen war es, bei der NASA zu arbeiten. Ich war schon immer von Naturwissenschaften und Technik fasziniert. Die große Frage war nur, wie es einem Mädchen aus einem ost-afrikanischen Land gelingen kann, bei der NASA zu »landen«. So kam ich zu meiner ersten »Lebensentscheidung«, diese Reise in mehreren Etappen anzugehen.

Ein wesentlicher erster Schritt dorthin war die Erlangung eines Auslandsstipendiums. Dies war nur durch sehr gute schulische Leistungen zu erreichen. Also habe ich fleißig gelernt und konzentriert auf einen sehr guten Schulabschluss hingearbeitet. Gekrönt wurden meine Anstrengungen mit einem Stipendium für die Technische Universität Taschkent/Usbekistan, seinerzeit noch Teil der damaligen UdSSR. Mit Freude hatte ich das Stipendium angenommen. Zwar noch nicht ganz in den USA, aber ein wichtiger Schritt, um dahin zu gelangen. Nach nur wenigen Tagen Vorbereitung musste ich die Reise nach Usbekistan antreten und befand mich nach einigen Flugstunden in einer völlig anderen Welt, einem Land mit einer anderen Kultur und Sprache. Auch wenn ich mich natürlich sehr gefreut habe, die erste Etappe meiner »Traumreise« gemeistert zu haben, bekam ich auch etwas Angst vor der eigenen Courage. Nicht nur mein »kribbelnder Bauch« signalisierte mir, dass enorme Herausforderungen vor mir standen. Als sehr junges, afrikanisches Mädchen die Familie, Bekannte und Freunde hinter sich zu lassen, in die weite Welt zu ziehen, um dort ein anspruchsvolles Studium aufzunehmen und gleichzeitig alles Drumherum zu »meistern«, war mehr als nur ein kleines Abenteuer.

Meine Eltern machten sich große Sorgen. So weit weg von zu Hause, von den Menschen, die mir Halt gegeben, die mich direkt oder indirekt beschützt haben. Was ist, wenn ich angefeindet werde? Wer kümmert sich, wenn ich krank wer-

> *» Wer sich von Träumen ernährt, wird nie verhungern!«*

de? Meine Eltern waren aber trotz allem zuversichtlich und voller Vertrauen, dass ich meinen Weg gehen werde. Denn Sie hatten mir mit ihrer Erziehung nicht nur den Glauben an mich selbst ins Gepäck gegeben, sondern auch ein solides Wertesystem. Werte, die »universell« eingesetzt werden können. Ich fühlte mich daher nicht wirklich allein. Zudem hatte ich einen ständigen Begleiter immer an meiner Seite: meinen Mut! Den Mut, meinen Lebenstraum zu verwirklichen.

Warum wir uns entscheiden

Kati Sharp

»Die einzige Konstante im Leben ist die Veränderung« – dieses berühmte Zitat von Heraklit ist über 2000 Jahre alt und hat doch nichts von seiner Gültigkeit eingebüßt. Unser Leben ist ständigem Wandel ausgesetzt – ein Teil davon beruht auf unseren Entscheidungen.

Manchmal wirft uns das Leben Pakete vor die Tür, die wir weder bestellt haben, noch wollen wir sie behalten. Und es wird zu Corona-Bedingungen geliefert, das heißt, der Postbote wirft das Paket vor die Tür, klingelt und ist schon über alle Berge, bevor wir überhaupt die Tür geöffnet haben. Diese Art Paket steht für Entscheidungen, die wir NICHT selbst getroffen haben. Die wir hinnehmen müssen und schauen, dass wir das Beste daraus machen. Es trotzdem positiv sehen. Aber das ist eine andere Ausfahrt, die nehmen wir heute nicht... Wir schauen dort hin, wo wir uns selbst FÜR oder GEGEN etwas entscheiden wollen. Weil wir fühlen: Es ist Zeit für eine Veränderung.

)) Entscheide dich dafür, das Richtige zu tun! ((

Wie entsteht er überhaupt, der Wunsch nach Veränderung? Gesundheit und Fitness, das sind meine Themen, deshalb nehmen wir mal als Beispiel deinen Körper. Fünf Kilogramm Gewichtszunahme ist der bundesdeutsche Durchschnitt an Corona-Kilos, und ich kenne viele Menschen, die sich hier eine Veränderung wünschen. Das ist nur exemplarisch, weil es so einfach zu erklären ist.

Wie kommen wir jetzt von dem Wunsch, etwas zu verändern, zu einer echten Entscheidung, die das eigene Leben nachhaltig verändert?

Drei Faktoren spielen dabei eine Rolle. Stell dir ein Dreieck vor. So eins aus dem Mathematikunterricht mit drei gleich langen Seiten und einem 60-Grad-Winkel in jeder Ecke. Oben an der Spitze steht die Frage: »Passt das, was du willst…« zur rechten Ecke mit »zu dem, was du tust?« und an der linken Ecke »und dem, was du bereits erreicht hast?«.

Wenn du diese Fragen jeweils mit einem JA beantwortest, dann brauchst du dich nicht zu entscheiden, dann hast du keinen Handlungsbedarf. Wenn du aber, und jetzt nehmen wir wieder deinen Körper als einfaches Beispiel, dich endlich oder wieder wohl in deinem Körper fühlen willst (das, was du willst) und du dich ohne Plan und Ziel ernährst, dich zu wenig bewegst (das, was du tust) und sich auf deiner Waage einfach nichts tut (das, was du erreichen willst), dann hast du Handlungsbedarf und wirst dich für eine Veränderung entscheiden.

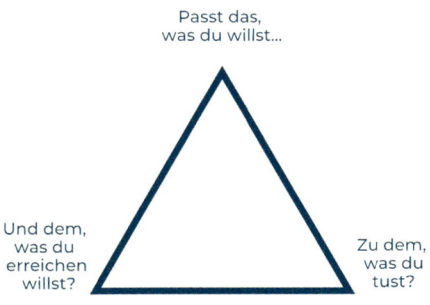

Jetzt braucht es neue, gesunde Routinen und du musst dich nur noch in Bewegung setzen. Diszipliniert und vor allem routiniert. Denn Bewegung bewegt. Das ist mein Credo. Bewegung schafft Energie und Energie kann alles verändern. In allen Lebensbereichen. Das darf sich auch gerne leicht anfühlen. Oder gehörst du zu den Menschen, die lieber gleich ein paar Kilos auf der Waage als ein paar Tropfen Schweiß verlieren wollen? Dann fang langsam an. Egal was dein Ziel ist: Veränderung ist kein Sprint. Veränderung ist ein Marathon. Es geht nicht darum, ab und zu etwas zu tun. Es geht darum, was du jeden Tag richtig machst. Weniger von dem, was dich von deinem Ziel entfernt und mehr von dem, was dich deinem Ziel näher bringt. Stück für Stück und jeden Tag ein bisschen mehr. Entscheide dich dafür, das Richtige zu tun. Dann ist der erste mutige Schritt gemacht.

Kapitel 3

IM GEGENWIND –
WARUM ES WICHTIG IST,
ENTSCHEIDUNGEN ZU FÜHLEN

Beschäftige dich mit Walen und Delfinen und dein Leben wird leichter!

Monika Bubel

Im Jahr 2013 stand ich an einem Punkt in meinem Leben, an dem es weder vorwärts noch rückwärts ging. Ich war gefangen in einem Leben, das ganz und gar nicht zu mir passte, und ich war sehr unglücklich darüber. Und dann, an einem Tag im August, sagte mir ein guter Freund, beschäftige dich doch mal mit Walen und Delfinen. Ich dachte: Okay, dann guck ich mir die Säuger mal an. Ich hatte zwar schon mal Delfine im Milford Sound Neuseeland live erleben dürfen, aber damals haben sie mich noch nicht so richtig angesprochen.

Ich holte mir dann alle möglichen Bücher über Wale und Delfine, sah mir Videos an, beschäftigte mich mit ihnen. Und es passierte etwas ganz Erstaunliches. Ich kam aus meiner trostlosen Stimmung sofort heraus, wenn ich mich mit ihnen beschäftigte. Ich wollte mehr. Ich wollte sie sehen. Live erleben. Ich hatte schon Geschichten gelesen, dass das etwas ganz Besonderes sein soll. Und dann machte ich mit meiner Familie Urlaub in Teneriffa. Ich war schon öfter dort, wusste aber nicht, dass es dort eines der besten Walgebiete der Welt gibt mit fast 100 % Sichtungswahrscheinlichkeit.

Wir buchten eine Whale-Watching-Tour und dann tauchten sie auf: Grindwale. Und es passierte etwas in mir. Ich war berührt, begeistert, fasziniert. Und als ich ihren Blas hörte, ein Phhhh, das tief in

> *... meine Stimmung hellt sich auf und alle Sorgen und Probleme werden ganz klein!*

mein Innerstes vordrang, war es so, als würde die Zeit stillstehen, und ich war wie sie – präsent im Hier und Jetzt. Es gab nichts anderes mehr um mich herum. Nur die Wale und ich. Es kamen noch Tümmler dazu, und mein Herz machte erneut einen Satz.

Das war der Tag, an dem ich die Entscheidung getroffen habe, mich noch mehr in die Welt der Wale und Delfine zu begeben. Was dazu führte, dass ich 2014 in der Straße von Gibraltar ein Volontariat bei einer Stiftung machte und auf deren Ausfahrten Grindwale, Tümmler, Gewöhnliche Delfine, Gestreifte Delfine, Pottwale UND Orcas sehen durfte.

Boah! Pottwale strahlen so eine Ruhe aus, die noch Tage nach der Begegnung auch mich ruhiger gemacht hat. Und die Orcas – die Herrscher der Meere – einmal live zu erleben, war unbeschreiblich. Ich könnte zig Geschichten über sie erzählen.

Inzwischen habe ich über 70 Interviews mit Wal- und Delfin-Experten geführt und so viel durch die Wale und Delfine für mein Leben gelernt, dass ich behaupten kann:

Mich mit Walen und Delfinen zu beschäftigen war die beste Entscheidung in meinem Leben, denn immer, wenn ich mich mit ihnen verbinde – und das tue ich, sobald ich an sie denke –, wird es mir warm ums Herz, meine Stimmung hellt sich auf und alle Sorgen und Probleme werden ganz klein. Daher meine Empfehlung an dich: Beschäftige dich mit Walen und Delfinen.

Vaya Ashala (Gruß der Wale)
Monika Bubel – Wal-Botschafterin

Geld – bedeutet Geld Frieden oder Unfrieden?

Christiane Kuhlmann

Ich stehe vor der Entscheidung, mich selbstständig zu machen und frage mich, ob ich das finanziell realisieren kann.

Das Thema Geld brachte schon Unfrieden in unserer Familie. Wir hatten stets genügend zum Leben, dennoch gab es um Finanzielles oftmals Konflikte. Als Kind wusste ich nichts von einem bestehenden Kredit. Als ich nach erfolgreicher Ausbildung zur Heilpraktikerin bei der Bank ein Existenzgründerdarlehen anfragte, lehnte der Bankangestellte es ab, mit der Begründung: Eine Naturheilpraxis ist nicht wirtschaftlich zu führen und somit nicht unterstützungswürdig. Dann fragte ich meinen Bruder, der gerade nach dem Tod unseres Vaters ein größeres Erbe angetreten hatte, nach einem Kredit. Meine Bitte, mir einen Teil meines Erbes vorzeitig auszuzahlen, lehnte er ab, mit der Begründung, alles Geld fest angelegt zu haben. Um einen Konflikt zu vermeiden, habe ich meinen Rechtsanspruch nicht eingefordert. Aus eigener Kraft fand ich eine Lösung und führte meine Praxis erfolgreich. Nach dem Tod unserer Mutter war der Erbanspruch unseres Vaters verfallen, und wieder bekam ich kein Geld. Jetzt stellt sich für mich die Frage: »Um was gehts denn hier?« Stiftet Geld wirklich immer Unfrieden, oder kann ich hier die Chance nutzen, das Ganze zu wandeln?

Hierzu fällt mir ein Vergleich ein, der mit der Karwoche zusammenhängt. Nach dem Abendmahl, einem gemeinsamen Essen mit Freunden, folgt der Verrat. Mein gezeigtes Verständnis, mein Verzicht, brachte ihm einen Vorteil, und er klagte später einen anderen Anspruch gegen mich sogar ein. So wurde erneut Geld zum Unfrieden in der Familie. Jesus wurde im Schnellverfahren zum Tode verurteilt, und so fühlte auch ich mich verraten und hatte den Eindruck, ebenfalls ein Kreuz tragen zu müssen. Da habe ich wie Jesus gebetet: »Lass es an mir vorübergehen.« So traf ich die Entscheidung, das Finanzielle neu zu betrachten.

)) Egal was passiert, in der Liebe und im Frieden liegt immer eine Chance!((

In diesem Augenblick habe ich gespürt, dass in herausfordernden Situationen manchmal jemand kommt, der dir das Kreuz tragen hilft. Das hat mir sehr viel Mut und Kraft gegeben. Den Vorwurf aufzugeben, bedeutet, die Energie nicht weiter in die Vergangenheit zu richten. Es bedeutet, den Vorwurf loszulassen, der Erfahrung zuzustimmen und Frieden damit zu finden. Es ist egal, wie viel Unrecht man erfährt, es ist mir für meine Zukunft wichtig, bei meinen eigenen Werten treu zu bleiben. Das führt zu der Erkenntnis: Egal was passiert, in der Liebe und im Frieden liegt immer eine Chance. Es ist der Standpunkt, der dich die Sichtweise ändern lässt. Jedes Jahr erinnert die Passionsgeschichte mich an diese Herausforderung – die Freiheit zu haben, mich entscheiden zu können. Ich habe mich gegen den Unfrieden entschieden und auf mein Herz gehört. Für mich war es lebensdienlich und lebensbejahend, dass ich meinen Werten treu geblieben bin und mit dem Thema Geld meinen Frieden gemacht habe.

Sich helfen lassen

Michael Biedenbach

Meine wichtigste Entscheidung war, mir helfen zu lassen, und das kam so. Ich war 15 Jahre alt. Mein Vater war Anfang 40 und hatte physische und psychische Probleme, die immer extremer wurden. Er hatte starke Rückenschmerzen, die er irgendwann nur noch mit starken Schmerzmitteln oder in der heißen Badewanne aushalten konnte. Er wurde immer missmutiger und depressiver. Kurz vor meinem 17. Lebensjahr nahm er sich das Leben. Meine damals 37-jährige Mutter stand auf einmal mit meinen beiden jüngeren Geschwistern, mir und unserem verschuldeten Haus alleine da. Das war ein großer Schicksalsschlag. Ich musste von einem auf den anderen Moment erwachsen werden. Mein wichtigster Satz damals war: »Du willst nicht werden wie dein Vater.« Was ich damals noch nicht wusste – das Unterbewusstsein versteht keine Verneinung. Du ahnst es bestimmt. Ich ging innerlich immer mehr in seine Richtung. Ich war tage- oder wochenlang himmelhochjauchzend und gut drauf und dann wieder zu Tode betrübt und melancholisch. In diesen melancholischen Phasen dachte ich auch schon mal: »Wenn ich jetzt mit dem Auto vor einen Brückenpfeiler fahre, dann ist das anstrengende Leben vorbei.« Doch auf einmal veränderte sich etwas. Ich lernte in meinem 20. Lebensjahr meine Frau Nicole kennen, mit der ich heute über 20 Jahre lang glücklich verheiratet bin. Plötzlich wollte ich dieses andauernde Auf und Ab nicht mehr, ich wollte für SIE und für mich gut drauf sein. Ich entschied, wenn jetzt der nächste Tiefpunkt

>> ...ich wollte für SIE und für mich gut drauf sein! <<

kommt, dann hole ich mir Hilfe – und er kam. Ich nahm mir die Gelben Seiten zur Hand und suchte den nächstgelegenen Psychotherapeuten heraus, rief ihn an und vereinbarte einen Termin. Er brachte mir bei, über meine Probleme und Träume zu sprechen und meinen Ängsten zu begegnen. Als Nächstes lernte ich das Familienstellen nach Hellinger kennen. Dort kam mir die Erkenntnis, dass alles miteinander verbunden ist und dass ich annehmen sollte, was nicht zu ändern ist. Die Persönlichkeitsentwicklung ging weiter. Ein Mental-Trainer kam in mein Leben. Er sagte zu mir: »Michael, du bist nicht deine Gedanken und Gefühle, du bist grenzenloses Bewusstsein.« Von Eckhart Tolle lernte ich, was das Ego und der Schmerzkörper sind. Dass wahre Veränderung innen und nicht außen stattfindet. Ich praktiziere täglich Yoga, Meditation und Sport, außerdem achte ich auf gesunde Ernährung und trinke gefiltertes Wasser. Und heute, im Alter von 49 Jahren, kann ich sagen: »Ich habe das Glück in mir gefunden und bin mein bester Freund geworden.« Das alles begann mit der Entscheidung, mir helfen zu lassen.

Was haben Wunder mit Entscheidungen zu tun?

Corinna Spaeth

Wer wegweisende Entscheidungen treffen will, der darf sie nicht rational treffen. Doch wer traut sich das schon? Das Risiko des Scheiterns ist doch viel zu groß. Also rationalisieren wir, greifen auf bewährte Strategien zurück und entfremden uns damit immer mehr von uns selbst. Wer kann da noch richtig entscheiden, vor allem, wenn er tief in der Krise steckt.

So wie ich damals. Eines meiner Schlüsselerlebnisse war, als ich aufgrund einer parasitären Erkrankung kein Immunsystem mehr hatte. Meine Lebensenergie war komplett weg. Es war so, als hätte man mir den Stecker gezogen. Ich wusste, so kann und will ich nicht weiterleben. Eine Lösung war nicht in Sicht! Meine eigene Verzweiflung riesengroß. Über sieben Jahre hatte ich Ärzten die gesamte Macht über meinen eigenen Körper gegeben. Und genau damit hatte ich auch aufgehört, an mich selbst zu glauben. Und als mir das bewusst wurde, habe ich schlagartig alle medizinischen Behandlungen gestoppt und endlich die *eine* lebensrettende Entscheidung getroffen:

Ich habe mich nämlich für meinen Körper und für meine Selbstheilungskraft ganz bewusst entschieden. Und das habe ich in einem sehr emotionalen Moment meinem Körper mitgeteilt. Ich habe ihn um Verzeihung gebeten, dass ich ihn mit seiner Kompetenz gar nicht einbezogen hatte, geschweige denn mit ihm kommuniziert hatte. Wer macht das schon? Mit dem eigenen Körper kommunizieren? Klingt seltsam – was? Mag sein. Kommt es auf die Eitelkeit an oder darauf, über den eigenen Schatten zu springen? Oder ist es nicht vielmehr so, dass man der Wahrheit erst dann auf die Schliche kommt, wenn man sich dafür entscheidet, die Lösung tatsächlich finden zu wollen. Passiert dann ein Wunder?

)) Gute Entscheidungen haben für mich auch viel mit Entschlusskraft, Beherztheit und Kompromisslosigkeit zu tun!((

Ich kann sagen, dass es bei mir so war. Und das macht mich heute noch demütig: Was in all den Jahren mit viel Tortur und höllischem Aufwand nicht gelungen war, das war nun nach nur zwei Wochen da: meine volle Lebensenergie und damit meine Gesundheit! Und das Schöne ist, dass mich meine Energie nie wieder verlassen hat. Ich genieße sie jeden Tag aufs Neue! Entscheidungen sind dann lebensverändernd, wenn sie die Sicht auf dich selbst und dein Leben völlig auf den Kopf stellen.

Ich habe durch Fehlentscheidungen erlebt, was es heißt, von einem Moment auf den anderen alles zu verlieren: finanziell, gesundheitlich, perspektivisch. Doch was ich im größten Verlust gewonnen habe, das war immer der Weg zu mir selbst. Und die Frage, warum ich manchmal so gute und dann wieder so verdammt schlechte Entscheidungen getroffen habe, die hat mich immer wieder beschäftigt: Die schlechtesten Entscheidungen habe ich immer dann getroffen, wenn ich meinem Störgefühl nicht gefolgt bin. Wenn ich Entscheidungen von der Meinung anderer abhängig gemacht habe und damit meine eigene Verantwortung abgegeben habe. Heute kann ich mit Gewissheit sagen, dass eine Entscheidung, die ich erst überdenken muss, zumindest nicht mit einem Ja beantwortet werden darf.

Ich bin tief überzeugt, dass wir dann richtig entscheiden, wenn wir uns für das Vertrauen in uns selbst entscheiden. Meine besten Entscheidungen waren immer die, die mit einem sehr starken positiven Gefühl verbunden waren und die urspontan als Gewissheit herauskamen. Bei diesen Entscheidungen gab es nicht den geringsten Zweifel. Ganz viel Ruhe und Klarheit war immer sofort spürbar und hat erst gar keinen Zweifel aufkommen lassen. So wusste ich schon mit 16 Jahren, dass Psychologie genau das richtige Studium für mich ist. Inhalte kannte ich keine und Mathe war nie meine Stärke, aber ich wusste, dass ich genau das will und nur das. Und das war eine meiner besten Entscheidungen.

Für mich ist es wie eine verdichtete, wissende Intelligenz. Manche nennen es Intuition, andere Seele und die Indianer Herzensweisheit. Doch solche Blitzentscheidungen erfordern viel Mut: Mut deshalb, weil sie kaum einer versteht und dir dein Umfeld diese Entscheidungen ausreden will. Gute Entscheidungen haben für mich auch viel mit Entschlusskraft, Beherztheit und Kompromisslosigkeit zu tun. Manchmal gibt es aber auch tief sitzende Blockaden in Menschen, die verhindern, dass sie zum richtigen Zeitpunkt die für sie beste Entscheidung treffen können. In meinen Coachings bin ich als Detektivin unterwegs und eruiere die Stress-Spuren in den Gehirnen meiner Kunden. Sind die Stress-Trigger erst aufgedeckt, kann im nächsten Schritt der Stress regelrecht abfließen. So kommen dann auch gute Entscheidungen durch neuronale Prozesse in Gang, die vorher nicht möglich waren. Manchmal muss und darf man guten Entscheidungen auch auf die Sprünge helfen. Denn das Leben ist einfach zu kurz für schlechte Entscheidungen.

Meine Nacht der Entscheidung – Oder, wie das Leben Entscheidungen abnehmen kann

Markus Klimesch

1992 lag mein Musterungsbescheid im Briefkasten. Es war so weit, ich musste zum Wehrdienst. Mein Ziel war: Fallschirmjäger.

Hauptsache Action

Warum? Hauptsache Action! Das Ergebnis der Wehrdiensttauglichkeit sagte aber etwas anderes. Fallschirmjäger – dafür reicht es nicht, es reicht nur zum Panzergrenadier. Damals hieß es bei der Bundeswehr: Du bist kein Mensch, du bist kein Tier, du bist ein Panzergrenadier. Mit Anfang 20 wollte ich das nicht bzw. war ich zu stolz. Kurzerhand habe ich den Kriegsdienst verweigert und mich für den Zivildienst entschieden. Da ich weiterhin Action erleben wollte, schrieb ich eine Bewerbung an den Malteser Hilfsdienst Frankfurt mit dem Ziel, Sanitäter im Rettungsdienst zu werden. Oh ja, Rettung fahren in Frankfurt. Das ist Action pur! So war zumindest damals meine Vorstellung. In der Realität sah es aber ganz anders aus. Denn außer Action kam noch etwas anderes auf mich zu – der emotionale Umgang mit menschlichen Schicksalen. Darauf war ich überhaupt nicht vorbereitet.

Der Tod war nie so nah

Das Tagesgeschäft eines Rettungssanitäters hat sehr oft mit einfachen Transportfahrten zu tun. In der Nachtschicht sieht das allerdings anders aus. Wenn das Telefon klingelt und die Leitstelle ist am Telefon, geht es meist um Notfälle. Beginnend mit Herzinfarkt über Schlaganfall bis hin zur Überdosis. Besonders hart und seelisch belastend waren Autounfälle. Ein besonders schlimmes Beispiel: Frontalzusammenstoß auf einer Landstraße mit Beteiligung eines Lkws und eines Pkws. Du kommst an den Unfallort und siehst schon den Lkw-Fahrer, der zu betreuen ist. Aber wo ist der Pkw-Fahrer? Im Fußbereich des Pkws findest du zwei Schuhe. In den Schuhen stecken auch zwei Füße. Nur wo ist der Rest der Person? Deine Augen wandern Richtung Lkw und

>> *Außer mit Sinn ans Werk zu gehen, muss mir meine Arbeit auch Spaß machen und darf nicht langweilig werden!* <<

du siehst den Pkw-Fahrer in der Frontscheibe des Lkws stecken. Das waren Momente, auf die ich nicht vorbereitet war und auf die dich auch keiner vorbereiten kann. Solche Erlebnisse vergisst man nie wieder. Es gab aber auch enorme Glücksmomente.

Meine Nacht der Entscheidung

Meldung durch die Leitstelle: Notfall in einer Gaststätte. Ein Gast sitzt mit Atemnot am Tisch. Als wir eintrafen, saß der Mann immer noch am Tisch, nicht ansprechbar, kein Puls, keine Atmung und seine Gesichtsfarbe war blau. Wir zogen ihn auf den Boden und leiteten Wiederbelebungsmaßnahmen ein – Herzdruckmassage und Luftzufuhr mit dem Beatmungsbeutel. Problematisch war die Beatmung. Mit dem Beatmungsbeutel konnten wir keine Luft in die Lunge pressen. Kurzerhand habe ich den Spatel angesetzt und in den Rachenraum geschaut, mir die Magillzange geschnappt und den Eingang zur Luftröhre von einem großen Stück Fleisch befreit. In der Zwischenzeit hatte mein Kollege den Defibrillator angeschlossen und einen Venenzugang gelegt. In diesem Moment ging die Tür zur Gaststätte auf. Der Notarzt kam hinzu und die Wiederbelebungsmaßnahmen gingen in die zweite Runde. Kurzum: Wir haben es am Ende geschafft, diesen Menschen wieder ins Leben zurückzuholen.

Dieser Glücksmoment, wenn du durch dein Tun nicht nur das Leben eines Menschen verbessert hast, sondern es ihm wieder geschenkt hast, ist unbeschreiblich und lässt sich mit keinem Geld der Welt aufwiegen.

Nach unserem Einsatz fuhren wir wieder zu unserem Stützpunkt zurück und ich hatte Zeit, über dieses Erlebnis nachzudenken. Durch das euphorische Gefühl habe ich in dieser Nacht eine Entscheidung für meine Leben getroffen:

Egal, welchen Beruf ich zukünftig ausüben werde, es muss etwas Sinnstiftendes sein. Es muss mit Menschen zu tun haben und ich will dazu beitragen, dass das Leben anderer Menschen verbessert wird. Und dieses Versprechen habe ich für mich bis heute gehalten. Dennoch habe ich eines nicht vergessen und beibehalten: Außer mit Sinn ans Werk zu gehen, muss mir meine Arbeit auch Spaß machen und darf nicht langweilig werden.

ALLES beginnt mit einer Entscheidung

Kati Sharp

ICH BIN SCHWANGER! Genauer gesagt, gehe ich schwanger mit einer Entscheidung. Und ich habe alle Symptome, die für das Frühstadium einer Schwangerschaft typisch sind: totales Gefühlschaos, Kopfschmerzen, Übelkeit, Zukunftsangst und Zweifel, wie es weitergehen soll. Das sind die Bad Vibes. Als Good Vibes fühle ich: Freude auf das, was kommt. Vertrauen, dass ich alles schaffen kann, wenn es nötig ist. Liebe zu etwas, das gerade im Entstehen ist.

Diese gedankliche Schwangerschaft war ungeplant. Sie basiert auf einer Entscheidung, die ich nicht selbst getroffen habe. Wichtiges Learning: Eine Scheidung ist auch eine Entscheidung. Auch wenn sie mir nicht gefällt, habe ich doch Freiheitsgrade. Nämlich, wie ich damit umgehe: Option 1: Blick zurück und grübeln, WARUM ausgerechnet mir das passiert. Option 2: Blick nach vorn und fragen, WAS kann ich jetzt tun? Die zweite Option ist die, die entscheidungsfreudige Menschen wählen. Sie grübeln weniger und handeln mehr. Manche Wege ebnen sich beim Gehen.

Also: Action. Trennungskindergerecht verzichte ich zunächst auf räumliche Distanz, die doch so wichtig für mich gewesen wäre, und bleibe in dem Haus, das nie meins war, fürs Erste wohnen. Eine bewusste Entscheidung zum Wohle der Kinder. Das geht gut am Anfang: Mir meine neue Wohnung im gleichen Haus ganz nach meinen Wünschen und Vorlieben einzurichten, fühlt sich an wie »Schöner Wohnen«. Bis zu dem Zeitpunkt, als die neue Partnerin meines Ex-Partners ins Spiel kommt. Sie in der Wohnung zu wissen, die vorher die gemeinsame Familienwohnung war, führt mir zu deutlich vor Augen, dass es diese Familie nicht mehr gibt, und ist mehr, als ich ertragen kann.

Ich stürze mich in Ablenkungen. Meditiere über das Loslassen. Mein Yogalehrer kommentiert das mit: »Kati, ganz ehrlich, diese Wohnsituation wäre sogar für Buddha zu viel.« Ich muss schmunzeln und merke, dass eine Entscheidung, die ich einmal getroffen habe, nicht für immer gelten muss. Ich habe das Recht, mich anders zu entscheiden, wenn sich diese einmal getroffene Entscheidung nicht mehr richtig anfühlt.

> »*Ich werde die Ziellinie nicht als Schnellste, auf jeden Fall aber als Gewinnerin überschreiten!*«

Etwas wächst in mir. Leider noch nicht die innere Größe, Dinge hinzunehmen, die mir nicht gefallen. Es wächst der Wunsch nach Veränderung in mir. Ich gehe schwanger mit der Entscheidung, mir doch eine andere Wohnung zu suchen. Eine mit mehr Distanz. Mehr Freiheitsgraden. Ich betrachte diese Entscheidung wie die Babys, die ich in mir getragen habe: Auch sie brauchten Zeit zu wachsen. Neun Monate Zeit zu reifen. Neun Monate Zeit sich einzustellen. Neun Monate Zeit für Vorfreude und Vorbereitung.

Auch wenn diese Scheidung eine Entscheidung war, die ich nicht selbst getroffen hätte, entscheide ich mich bewusst dafür, das Beste daraus zu machen. Als Sportlerin sehe ich diesen Weg wie einen Marathon. Von 42 Kilometern habe ich gefühlt 30 schon geschafft. Die ersten Kilometer waren unfassbar hart. Der mittlere Teil wie ein Flow. Ich nehme dankbar alles mit, was mir am Wegesrand an Unterstützung geboten wird. Den Jubel. Die Begeisterung. Die seelische Nahrung. Ich weiß, ich kämpfe zwar für mich, aber ich bin nicht allein. Ich nehme all den Schmerz mit, als Erfahrung, um daran zu wachsen. Ich werde die Ziellinie nicht als Schnellste, auf jeden Fall aber als Gewinnerin überschreiten. Stronger than before! In dem Wissen: Jeder Weg, und sei er noch so lang, beginnt mit dem ersten Schritt. Und jede Veränderung beginnt mit einer Entscheidung.

Ein Leben für HR

Thorsten Eger

Als Teenager war mir immer klar: Ich werde Journalist.

Mein Interesse an Politik und meine Neugier für Geschichten, die das Leben schreibt, waren riesig. Ich wollte überall dabei sein, steckte meine Nase in alles rein – nur manchmal. Nein, ok, ziemlich oft. Meine unermüdliche Fragerei hatte mir schließlich den Spitznamen »Reporter« eingebracht. Bis heute bin ich mir nicht sicher, ob dies als Kompliment gemeint war oder vielleicht doch eher eine Klassifizierung à la Klatschreporter »Baby Schimmerlos« von Kir Royal. Eine Serie, die damals ein riesiger TV-Hit war. Mir war es egal, ich wusste, ich würde Journalist werden.

Zunächst machte ich eine Berufsausbildung und liebte vor allem meinen Einsatz in der Abteilung »Public Relations« des Ausbildungsbetriebs. Einige Zeit später begann ich mein Studium, anfangs mit Fokus auf Politik, Volkswirtschaftslehre und Sozialpsychologie. Alles Bereiche, die mir als Journalist nützlich sein würden. Es folgten erste Hospitationen bei der BILD Frankfurt, der BILD Dresden und der BZ in Berlin. Danach war ich als freier Journalist bei der az (andere zeitung) in Frankfurt tätig, gefolgt von Hospitationen beim Fernsehen, z. B. bei RTL und beim ZDF. Schließlich ein Einsatz in der Presseabteilung der Messe Frankfurt – mein Weg war klar.

Doch dann kam eins zum anderen. Im Hauptstudium musste ich mich in meinem Nebenfach Wirtschaftswissenschaften spezialisieren. Freunde von mir wählten Human Resources. Und weil ich mit ihnen zusammen studieren wollte und selbst auch keine bessere Idee hatte, folgte ich ihnen. Eine Entscheidung, die ich vor allem wegen meiner Freunde und weniger aufgrund meiner beruflichen Pläne traf. Nach einigen Wochen im Spezialisierungsstudium merkte ich jedoch: »Na, das ist aber interessant und hat sogar Bezüge zu Sozialpsychologie.« Personaler zu werden war zwar noch keine Option, je länger ich den Schwerpunkt studierte, desto mehr zog mich der Schwerpunkt aber in den Bann. Vielleicht war es doch eine Möglichkeit? Da ich bei der Messe Frankfurt bereits mehrere Jahre als studentische Aushilfe tätig war, sprach ich mit der Einsatzkoordinatorin für Studierende: »Eigentlich möchte ich Journalist werden, aber HR finde ich mittlerweile auch sehr interessant. Könnt ihr mir helfen, HR-Berufserfahrung zu sammeln, damit ich eine finale Berufswahl nach meinem Studium treffen kann?« Im Kopf sah ich mich nach wie vor als Journalist. Ich wollte HR lediglich als Option eliminieren, um dann mit Volldampf Journalist zu werden. Zwei Wochen später kam der Anruf: »Thorsten, du kannst für einige Monate bei uns aushelfen und administrative HR-Aufgaben übernehmen.« Gesagt, getan. Ich startete mit dem Bewerbungsmanagement, Zeugnisse schreiben und ähnliche Dinge. Dann fragte mich meine damalige Kollegin und heutige Freundin Conny, ob ich Lust auf ein gemeinsames Experiment hätte – ein Assessment Center (AC) für Studierende des dualen Studiums zu entwickeln. Klar, was für eine Ehre. Ich hatte keine Ahnung, was wir da taten. Mit bestem Wissen und Gewissen haben wir etwas zusammengebastelt, was definitiv keiner Validitäts- und Reliabilitätsprüfung standgehalten hätte. Doch es funktionierte – Learning by Doing. Das AC-Teilnehmenden-Feedback war grandios. Für einige Teilnehmende war es das mit Abstand ungewöhnlichste, doch zugleich coolste und interessantes AC, das sie bisher erleben durften. Wir hatten also irgendetwas richtig gemacht.

Danach fielen auf einmal alle Rekruter der Messe aus. Ich sprang wieder ins kalte Wasser und fing an, auch diese Aufgabe zu übernehmen und Mitarbeitende zu rekrutieren. Strukturierte Fragebö-

)) Man muss nur auf sich hören und sich trauen! ((

gen oder auch Evaluationsbögen gab es nicht, und ehrlich gesagt, wusste ich auch nicht, was das war. Also ran an den PC und schnell im Internet gesurft. Dort fand ich Fragen, Leitfäden und Bewertungsmöglichkeiten – allesamt konzeptionell zurückgebunden an Kompetenzmodelle. Was ist ein Kompetenzmodell? Na, das ignoriere ich mal. Und bei den Fragen – »Steal with Pride«. Also wieder schnell etwas gebastelt. War es perfekt? Oh NEIN. Hat es funktioniert? Irgendwie schon. Und auf einmal merkte ich – HR ist richtig cool. Es machte mir Spaß.

Journalismus rückte völlig unerwartet in den Hintergrund. Die ursprüngliche Idee, HR auszuschließen, funktionierte nicht – ganz im Gegenteil. Es war ein Schock. Mehr als zehn Jahre hatte ich darauf hingearbeitet, Journalist zu werden. Und auf einmal das. Ich durchlebte meine erste berufliche Krise, obwohl ich noch nicht einmal richtig ins Berufsleben eingestiegen war. Sechs Monate und viele Gespräche mit Freunden später gestand ich es mir endlich ein: Ich werde Personaler. Eine zentrale Entscheidung zu einem zentralen Zeitpunkt. Und solche Zeitpunkte gibt es im Berufsleben eben immer wieder. Man muss nur auf sich hören und sich trauen. Ich bin sehr froh über meine Entscheidung, und der Rest ist Geschichte …

Als Schiedsrichterin fürs Leben lernen

Astrid Kohlwes

Während meiner Jugend habe ich mit Begeisterung Volleyball gespielt. Zugesagt hat mir sowohl die Tatsache, dass es sich um einen
Mannschaftssport handelt, als auch der schnelle und dynamische
Spielablauf. In den unteren Klassen stellte stets das spielfreie Team
das Schiedsgericht. Wenn diese Aufgabe uns zuteilwurde, habe ich
zumeist gepfiffen. Je höherklassiger ich spielte, desto höher war auch
meine Schiedsrichterlizenz. Ab dem Alter von 17 Jahren war ich regelmäßig als zweite Schiedsrichterin in der 2. Bundesliga der Herren
aktiv. Damit ihr nachvollziehen könnt, was mich am Schiedsgericht
so begeisterte, nehme ich euch einmal mit an den Pfosten:

Als zweite Schiedsrichterin war ich vor allem für das Netz sowie
die Mittellinie zuständig. Ich beobachtete also, ob einer der Spieler
das Netz oder einer der zugehörigen Füße den Boden jenseits der
Mittellinie berührte. Da galt es schnell und klar zu entscheiden. Die
betroffenen Spieler waren mit den Entscheidungen in der Regel jedoch nicht gerade einverstanden. Eine gute Körpersprache war daher
ebenso unerlässlich wie eine deutliche Gestik. Es war ausgesprochen
ungünstig, wenn andauernd das Netz wackelte, allerdings keine
Netzberührung gepfiffen wurde. So verlor der Schiedsrichter rasch
an Autorität – keine Entscheidung zu treffen war dementsprechend
nicht die Lösung.

Auf den Bänken hinter mir saßen die Ersatzspieler und Trainer.
Sie feuerten ihr Team eifrig an und riefen ihren Leuten Anweisungen
zu. Wiederum dahinter befanden sich die Tribünen, von denen rich-

tig Lärm kam. Die Trainer beantragten bei mir die Auszeiten und Spielerwechsel. Ich gab sie frei – durfte das aber nur, wenn das Spiel gerade unterbrochen war. Reagierte ich zu spät, war ein Wechsel oder eine Auszeit erst wieder nach dem nächsten Ballwechsel möglich. Ich lernte also zu erahnen, wann ein Trainer eine Auszeit fordern könnte. Hierzu brauchte es Erfahrung und Intuition. Ein Schiedsrichter muss mit allen Sinnen agieren und äußerst flink entscheiden.

Ihr fragt euch jetzt womöglich, warum man das trotz dieser hohen Anforderungen freiwillig macht – wenn dem so ist, wird euch die Antwort überraschen: Genau deswegen macht man das. So ein Spiel hat seinen eigenen Rhythmus, seine eigene Dynamik. Es ist vergleichbar mit dem Meer. Immer wieder nahen Wellen heran, doch jede ist anders als die vorangegangene. Auf diese Wellen muss man reagieren. Man kann das Meer nicht beherrschen, aber man kann lernen, es zu lesen. Man kann mitschwingen, vorausdenken, antizipieren. Man muss ganz darin aufgehen. Auf ruhige Phasen folgen laute und wilde, das Tempo wird angezogen – bis sich die Wogen letztlich wieder glätten. All das zu meistern, sich sicher darin zu bewegen und allem Trubel zum Trotz die richtigen Entscheidungen zu treffen, das ist der Kick. – Und wenn es vorbei ist, bleiben einem neben der Erinnerung an ein aufregendes Spektakel noch eine ganze Weile die klingelnden Ohren vom schrillen Pfeifen.

》... allem Trubel zum Trotz die richtigen Entscheidungen zu treffen, das ist der Kick!《

SVEN GÁBOR JÁNSZKY

DR. JOHANNA DAHM

SVEN GÁBOR JÁNSZKY ist einer der gefragtesten Zukunftsmacher in Deutschland. Er ist Chairman des größten wissenschaftlichen Zukunftsforschungsinstituts Europas und der meistgebuchte Speaker auf Zukunftsevents und Strategietagungen in der deutschen Wirtschaft. Seine Strategieempfehlungen prägen die Zukunftsstrategien in Konzernen und Mittelstand. Als Zukunfts-Coach hat er viele Tausend Teilnehmer seiner Seminare und Leser seiner Bücher zu ihrem bestmöglichen Zukunfts-ICH geführt. Er erklärt die Methoden und das Mindset, mit dem jeder Mensch sein bestmögliches Zukunfts-ICH entdecken, entwickeln und erreichen kann.

Seit 1999 begleitet die Entscheidungsexpertin, Unternehmerin und Speakerin **DR. JOHANNA DAHM** Unternehmen und Menschen weltweit durch Krise und Wandel. Ihr erstes Start-up gründete Johanna Dahm mithilfe eines Venture Capital Funds der Firma Henkel KGaA noch während ihrer Promotion 2001 an der Universität zu Köln. Später wechselte sie zur Managementbera-

tung Accenture, um den Bereich Talent & Organization auszubauen. Sie nahm sie dann ein Mandat der Pharma-Firma Novartis AG mit globaler Führungs- und Personalverantwortung an, arbeitete zumeist in der Schweiz, für die Region Europa und in den USA. Im Jahr 2015 gründete sie ihre eigene Consultingfirma und berät Firmen zu Fragen von Entscheidungen, Changemanagement und High Trust. Johanna Dahm lehrt an mehreren internationalen Hochschulen, publiziert und ist als Herausgeberin tätig. Zu ihren Veröffentlichungen gehören u. a. »Sucher suchen. Finder finden« (2018), »Praxis Personalmanagement« (2020) sowie »Die Entscheidungs-Matrix«. Über die Notwendigkeit besserer und schnellerer Entscheidungen spricht sie auf Konferenzen auch vor Vertretern der EU. Sie ist gern gesehener Gast in TV- und Podcast-Shows. www.entscheidung.info

HEIKO STAHNKE ist seit rund 10 Jahren erfolgreich als Führungskraft in der Finanzbranche tätig. Darüber hinaus ist er Coach und Berater für Veränderungsprozesse, Teamentwicklung, Life-Balance und Persönlichkeitsentwicklung. In der Zusammenarbeit mit ihm gewinnen die Menschen wieder Klarheit und Orientierung und legen damit die Grundlage für nachhaltige Veränderungsprozesse. Dabei verbreitet er eine emotionale Leichtigkeit und hilft so, alte Muster und Gewohnheiten zu transformieren. Die Menschen sehen wieder mehr das Schöne in ihrem Leben und beginnen ihre Träume Wirklichkeit werden zu lassen. Mit ihm gelingt es, Gelassenheit und eine neue Qualität von Erfolg zu etablieren.
Website: https://heikostahnke.com/
Podcast: Einfach Glücklich & Erfolgreich
iTunes: https://apple.co/2VR1oc9
Spotify: https://spoti.fi/2Ccy7RW
YouTube: https://bit.ly/2MdTQP9

Über 3000 Vorträge vor rund einer Million Menschen in über 3000 Unternehmen in über 30 Ländern, 50 Bücher in 18 Sprachen, 1000 Presseveröffentlichungen, 50 000 000 Euro Umsatz, 9000 Hotelübernachtungen, 10 000 000 Flugmeilen, Forschung und Lehre an 18 europäischen Universitäten, über 30 erfolgreiche Firmengründungen, die meist zur Marktführerschaft führten, eine anhaltende Beratertätigkeit, immer neue Impulse und Inspiration für Welt und Wirtschaft – das ist **HERMANN SCHERER**. Er macht Menschen zu Marken, damit sie das verdienen, was sie wert sind und den Logenplatz im Kundenkopf erobern.
www.hermannscherer.com

Führungsexpertise sprudelig in die Welt zu tragen – das macht **URSULA LANGE** aus. Schon sehr früh übernahm Ursula Lange Verantwortung für andere und entdeckte die große Freude und Sinnhaftigkeit in der nachhaltigen Begleitung von Persönlichkeiten. Ihren Erfahrungsschatz aus 30 Jahren gibt sie in ihren Mentoringprogrammen, Keynotes mit Dialogcharakter, ihrem Podcast EINFACH FÜHREN (https://podlink.to/ul-erfolg) und als Autorin weiter. Als Psycho-

HEIKO STAHNKE

HERMANN SCHERER

login der Positiven Psychologie, erfolgreiche Unternehmerin, Leadershipexpertin, Autorin und sechsfach Mama liebt sie es, gerade die Young & Openminded Leader und Jungunternehmer*innen zu empowern, um sie für die zukünftigen Herausforderungen unserer agilen Welt bestmöglich vorzubereiten. Proaktiv, menschlich, strukturiert, selbstwirksam und mit ganz viel Lebensfreude!

Nimm Kontakt auf mit Ursula Lange über ihr LinkedIn-Profil: Ursula Lange oder über ihre Webseite: www.lange-erfolg.de. Sie freut sich auf dich!

Als Gründerin der Heimsoeth Academy berät und trainiert **ANTJE HEIMSOETH** Vorstände, Führungskräfte und Spitzensportler. Sie gehört zu den bekanntesten Mentalcoaches im deutschsprachigen Raum. Ihre Erfahrung mit internationalen Konzernen, Mittelständlern sowie Olympioniken machen sie zu einer der gefragtesten Vortragsrednerinnen.

Ihre Veröffentlichungen in bekannten Verlagen unterstreichen ihre Fachkompetenz.

Sie wurde 2014 und 2021 als »Vortragsrednerin des Jahres« ausgezeichnet. Bei Managern und Medien gilt sie als »renommierteste Motivationstrainerin Deutschlands« (Focus). 2019 wurde sie zum Senat der Wirtschaft berufen und so Teil eines exklusiven Kreises von Persönlichkeiten aus Wirtschaft, Wissenschaft und Gesellschaft.

Außerdem geht sie auf Sendung bei Fernsehsendern wie RTL, im Radio bei Bayern 3 und SWR 3 und sie erscheint in Zeitungen wie FAZ und Welt.

Weitere Informationen finden Sie auf www.heimsoeth-academy.com und www.antje-heimsoeth.com.

*Orientierung und Handeln
sind aktive Zukunftsgestaltung.*
Als Vater einer Tochter, begeisterter Segler
und Freund des Boulderns ist der überlegte
Blick nach vorn sein steter Begleiter. 1975
geboren und aufgewachsen in der Hanse-
stadt Bremen, ist **HENRY BÖSTER** nach
persönlichen Herausforderungen als »Spät-
zünder« mit Zwischenstopps in Logistik,
Luftfracht und Stahlhandel seit 2018 als
Taskforce-Manager in der IT tätig.
Die Fragen »Wo bin ich?«, »Wie komme ich
zu meinem Ziel?« und »Wie im Sturm richtig
entscheiden?« münden in dem »Geist des
Navigators« – ein ganzheitliches Konzept,
mit dem er ergänzend als selbstständiger
Berater und Coach seit 2012 Unternehmen
und Einzelpersonen unterstützt, ihre Ziele
zu verfolgen.
www.boester.de
h.boester@boester.de

ASTRID KOHLWES ist Diplom-Sportwis-
senschaftlerin und seit über 25 Jahren Golf-
Professional. Als ehemalige Tourspielerin
betreut sie Golfer aller Leistungsstufen.
Besonders wichtig ist Astrid Kohlwes neben
den technischen Fertigkeiten die Entwicklung der mentalen Stärke. Sie unterstützt
Golfer dabei, die passende Umsetzungs-
strategie zu entwickeln. Ihre Kunden schätzen dabei vor allem ihre Geduld und Empathie.
Als Erfolgscoach vermittelt Astrid Kohlwes,
was alle vom Golf für den erfolgreichen (beruflichen) Alltag lernen können. Wie dieser
Transfer gelingt, erfährt man lebhaft in ihren
Vorträgen. Astrid Kohlwes vermittelt die
wichtigen mentalen Punkte auch in ihren
Büchern, Artikeln, Einzelcoachings, Workshops und Vorträgen.
www.astridkohlwes.de

HENRY BÖSTER

ASTRID KOHLWES

89

SELMA SONA GERSTENBERG

SOYE LUNA GERSTENBERG

SELMA SONA GERSTENBERG: Expertin für Zeit-Qualität und zeitliche und emotionale Freiheit, Speakerin, Transformations-Coach, Trainerin für die zertifizierte Aus- und Weiterbildung in »Energetic Transformation Coaching« by Selma Sona und online Coaching Business Aufbau für visionäre Soulpreneure, Bestseller-Autorin, Herausgeberin von »Wie geht MUT? X Wege zu Mut. Das Mut-Mach-Buch« und glückliche Mama von Co-Autorin Soye Luna.

Ich helfe visionären Unternehmern und Unternehmerinnen heraus aus ihrem Zeit-Mangel und rein in ihre zeitliche und emotionale Freiheit.

Hast du keine Zeit?
Willst du endlich Zeit haben?
Wie?
Hol dir dein kostenloses Erstgespräch: calendly.com/SelmaSona
Ich bring dich in deine zeitliche und emotionale Freiheit.

Deine Selma Sona
#SelmaSona
selma-sona.com
+49 1511 2325727
Selma-Sona@Selma-Sona.com
linktr.ee/SelmaSona

SOYE LUNA GERSTENBERG ist Expertin für Selbst-Vertrauen, Autorin und Speakerin. Bei ihrem berührenden Debüt im März 2021 wurde Soye Luna als 8-jähriges Mädchen unter 110 Erwachsenen von Kerstin und Hermann Scherer zur Gewinnerin des 2. Internationalen Speaker Slams gekürt. Sie ist Welt-Rekord-Halterin, mit dem Excellence Award ausgezeichnet und wurde zur Scherer Daily TV-Show sowie zum Speaker Slam nach Mastershausen eingeladen, wo sie dann den zweiten Welt-Rekord und den zweiten Excellence Award holte.
Soye Luna bewegt sowohl online als auch offline auf Kongressen und Events, z.B. auf der Bühne der Porsche Arena Stuttgart. Ihre Botschaften teilt Soye Luna auch als Autorin, z.B. in »Wie geht MUT? X Wege zu Mut. Das Mut-Mach-Buch« von Herausgeberin Selma Sona Gerstenberg mit einem Vorwort von Hermann Scherer.
»Glaub an dich. Du kannst das.«
#SoyeLuna
SoyeLuna@Selma-Sona.com
linktr.ee/soyeluna

»Menschlichkeit ist die Zukunft der Digitalisierung!« **SABRINA VON NESSEN**, Unternehmerin und Expertin für Emotional Leadership, macht Sie fit für Führungsexzellenz. Sie ermutigt zu Humanität in einer Welt der exponentiellen Technologie und zu authentischer Führung im digitalen Wandel. Knapp

WILTRUD (ANCARA) CLARNER

20 Jahre Führungserfahrung haben die Bestsellerautorin, Speakerin und Mentorin gelehrt: New Work braucht emotionale Führung. Ihre Impulse begeistern und spornen Unternehmer*innen und Führungspersonen an, mentale Barrieren zu sprengen: Human Leadership und der Wachstumstreiber Mensch sind die Wettbewerbsfaktoren für nachhaltige Marktführerschaft, Veränderungserfolge und Spitzenleistungen!
www.sabrina-von-nessen.com
office@von-nessen.com

WILTRUD ANCARA CLARNER ist Mentorin für Neues Bewusstsein und ganzheitliche Persönlichkeitsentwicklung.
Seit einigen Jahrzehnten arbeitet Wiltrud Ancara schon mit und an Menschen. Ihre Leidenschaft ist es, sie in ein neues BeWusstSein ihrer selbst zu begleiten. In ihrer Berufswahl drehte sich alles um das Wohlbefinden der Menschen. Alle ihre Ausbildungen dienten der besseren Gesundheit, Schönheit und Harmonie. Als Mentorin teilt sie gerne ihren Erfahrungsschatz mit andern, damit auch ihr Leben gesunder, schöner und harmonischer wird.
https://wiltrud-ancara.de
Kontakt@wiltrud-ancara.de

CHRISTIANE KUHLMANN, Heilpraktikerin in eigener Naturheilpraxis (Schwerpunkt: Viruserkrankungen) - Stressless-Business-Academie - Naturcoaching - Mentorin - Speakerin.
Sie möchte zu einem gelungenen Leben mit körperlicher und geistiger Vitalität inspirieren. Mit Freude, Demut und Dankbarkeit das Reale Ich in das Ideale Ich zu transformieren. Als Vorbild und Mentorin möchte sie ande-

SABRINA VON NESSEN

CHRISTIANE KUHLMANN

HEINZ-WERNER KOPP

ren Menschen durch Eigenverantwortlich-keit zu einem glücklichen Leben in Freiheit und Frieden in allen Lebensbereichen ver-helfen.

Studium der Psychologie, 30 Jahre Praxis-erfahrung, Coaching von Unternehmen und Führungskräften, Speakerin mit Excellence Award, Gold Diplom, Top-Magazin, Co-Au-torin der Bücher »Allzeit gut schlafen« und »Praxis Personal Management« und Grün-derin einer eigenen Stiftung – das ist Chris-tiane Kuhlmann. Da geht noch was, und zusammen alles.

Wenn es einen roten Faden gibt, der sich nun 50 Jahre durch das Leben von **HEINZ-WERNER KOPP** zieht, dann ist es sicherlich das »Verstehen von komplexen Zusammen-hängen« und die daraus folgende »kreative Problemlösung«. Motorwechsel mit 18 Jah-ren, die logistische Reorganisation eines Teilbereichs der Bundeswehr oder die Um-setzung des größten Betonwandfreskos in Europa sind nur einige Beispiele.

24 Jahre hat Heinz-Werner diesen roten Fa-den für seine Kunden im Bereich Marketing, Messen und Events eingesetzt. Nach eige-nem Burn-out und einer Depression folgten sieben Jahre Studien in der Psychologie. Heute kombiniert Heinz-Werner all seine Kompetenzen und verfolgt die Vision, die Zahl an Depressionen weltweit zu halbieren. Für eine bessere gemeinsame Zukunft.

www.kopp.lu

Mobil: +49 171 9 55 46 47

»Das Leben ist zu kurz, um sich ständig WERT(E)los zu fühlen«

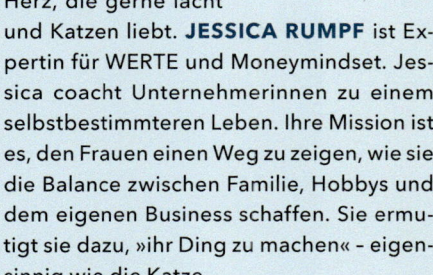

Powermama und Unternehmerin mit viel Herz, die gerne lacht und Katzen liebt. **JESSICA RUMPF** ist Expertin für WERTE und Moneymindset. Jessica coacht Unternehmerinnen zu einem selbstbestimmteren Leben. Ihre Mission ist es, den Frauen einen Weg zu zeigen, wie sie die Balance zwischen Familie, Hobbys und dem eigenen Business schaffen. Sie ermutigt sie dazu, »ihr Ding zu machen« - eigensinnig wie die Katze.

Auf der Bühne inspiriert und motiviert sie ihr Publikum mit ihren Keynote-Vorträgen. Kunden schätzen an Jessica Rumpf insbesondere ihre lebensfrohe, authentische und motivierende Art.

Weitere Informationen unter: jessicarumpf. com und auf Instagram: @jessy_rumpf

MICHAEL BIEDENBACH liebt es, Menschen zu inspirieren und inspiriert zu werden. Nach erfolgreichem Abschluss seiner Banklehre studierte er Wirtschaftswissenschaften und baute sich nebenbei eine Veranstaltungsagentur mit 20 Mitarbeitern auf. 2005 verkaufte er diese und stieg als Personalvermittler bei einem börsennotierten Personaldienstleister ein. Dort war er fünf Jahre lang die Nr. 1 von 120 Verkäufern und machte Millionenumsätze. Parallel absolvierte er eine Weiterbildung zum Trainer und systemischen Coach. Seit 2011 ist er als Karriereberater und Verkaufstrainer selbstständig. Er steht für den wertebasierten Erfolg mit Herz, worüber er ein Buch geschrieben hat und womit er als Speaker die Bühnen rockt.

www.michael-biedenbach.de
me@michael-biedenbach.de

JESSICA RUMPF

MICHAEL BIEDENBACH

ASTER NEWAY

Facebook: https://www.facebook.com/aster.deine.mut.macherin
Instagram: aster.neway
LinkedIn: http://linkedin.com/in/aster-neway-ab49ba216
Homepage: www.asterneway.com
You Tube: https://www.youtube.com/channel/UCjxjTsRqrWt9OWg_x-AV4ng

Bewegung bewegt!
Geboren und aufgewachsen in Duisburg, berät **KATI SHARP** – Mrs. Fit@Business®, die wahl-hessische Business-Mom, Führungskräfte und Unternehmer*innen, die jeden Tag ihre Bestleistung abrufen wollen. Die charismatische Mind-Mentorin weiß ganz genau, wie jeder Mensch zu mentaler Power und maximaler Vitalität gelangen kann. Für ihre Fähigkeiten als Speakerin und Expertin für gesunde Selbstführung wurde sie mehrfach ausgezeichnet. Durch ihre langjährige Berufserfahrung als Gesundheitspsychologin gelingt es ihr mit Empa-

Ich heiße **ASTER NEWAY**. Ich bin leidenschaftliche MUT-Macherin und Co-Autorin des Mut-Mach-Buchs *Wie geht MUT, X Wege zu MUT*. Vor ca. 30 Jahren verließ ich als junges Mädchen mein Land in Ost-Afrika, entschlossen, zur NASA zu gehen. Nicht wenige erklärten mich damals für verrückt. Jahre später hielt ich Vorlesungen an einer deutschen Universität in Informatik. Mein ständiger Begleiter auf diesem Weg war Mut. Mit dieser von mir gelebten Geschichte möchte ich vielen Menschen MUT machen, damit sie sich von ihren Ängsten und ihren Zwängen befreien und den MUT haben, klare und lebensverändernde Entscheidungen treffen zu können. Entscheidungen, mit denen sie ihre Lebensfreude und ihr Vertrauen wiederfinden können. Ich bin Lebensbegleiterin, ich bringe Menschen dorthin, wo sie in Wirklichkeit hinmöchten.
mutmacherin.aster@gmail.com

KATI SHARP

thie und Enthusiasmus ihre Expertise in ihren Trainings, Coachings und Online-Kursen sehr praxisorientiert und mitreißend in die Wirtschaft zu tragen. Sie ist bekannt dafür, in ihren Keynotes sogar Sportmuffel vom Hocker zu reißen.

Einfach entscheiden – Buche dir dein exklusives und kostenloses 1:1-Coaching bei Kati Sharp!

https://calendly.com/kati-sharp/one-on-one-coaching
kati.sharp@vitalag.com
LinkedIn: Kati Sharp
Instagram: sharpkatrin

MONIKA BUBEL ist Expertin für »Wale und Delfine« und für Online-Marketing. Sie hat ihre Leidenschaften zum Beruf gemacht und hilft auch anderen, dies zu tun. Seit 2015 erfüllt sie Wal- und Delfin-Freunden mit ih-

rer Segelwoche im »Wal Revier« vor Teneriffa den Traum, Walen und Delfinen live zu begegnen, was immer wieder zu tiefen inneren Erkenntnissen und Neuanfängen führt.

Seit 2013 ist sie erfolgreich im Online-Marketing tätig und zeigt Menschen Möglichkeiten auf, sich ein passives Einkommen aufzubauen. Ihre Schwerpunkte liegen dabei auf Website-Building, Lead- und Kundengewinnung. Ihr Slogan: »Beschäftige dich mit Walen und Delfinen, und dein Leben wird glücklicher.«

https://waleunddelfine.de
https://monikabubel.de

Als Psychologin startete **CORINNA SPAETH** zunächst in einer Unternehmensberatung, dann als Führungskraft in einem internationalen Konzern. Heute ist sie Geschäftsführerin der CS Consulting GmbH und betreut

CORINNA SPAETH

MONIKA BUBEL

viele namhafte Kunden. Mit ihrer Leidenschaft und Bühnenpräsenz fasziniert sie Menschen vor und hinter der Bühne. Dabei gelingt ihr meisterhaft die Verbindung des Megatrends Gesundheit mit Unternehmenskultur und digitaler Transformation. Gleichzeitig setzt sie selbst Trends: Demnächst erscheint ihr Buch zum Thema Trennungskultur. Corinna Spaeth ist mehrfache Co-Autorin und gefragte Interviewpartnerin in Presse und Fernsehen (FAZ, SWR u. a.) mit zahlreichen Radiobeiträgen und lehrt als universitäre Gastdozentin.
www.corinnaspaeth.com

Recruiting Stratege für den Mittelstand
Weit über 20 Jahre Recruiting- und Führungserfahrung. **MARKUS KLIMESCH** hat das Handwerk der Personalbeschaffung von der Pike auf gelernt und viele Veränderungen miterlebt. Als Recruiting Specialist, Führungskraft, Projektmanager und Auditor hat er Recruiting Strategien und Prozesse in einem der weltweit größten Personaldienstleister gestaltet. Seit 2018 ist er als selbstständiger Berater, Coach sowie Speaker unterwegs und zeigt dem Mittelstand, wie er dem Fachkräftemangel trotzen kann. Die Entscheidung, mit Menschen zu arbeiten sowie Menschen zusammenzubringen, hat er 1992 getroffen. Eine einschlägige Erfahrung im Zivildienst hat ihn damals geprägt.
www.markusklimesch.de

MARKUS KLIMESCH

»Brings the human back to human resources.«
Er ist mit Leib und Seele Personaler. Er kennt die Dynamiken in Start-ups und KMUs gleichermaßen von »innen« wie die »Bluechips« verschiedenster Branchen (IT, Telekommunikation, Pharma, Messewesen).
DR. THORSTEN EGER: Organisationsentwicklung, Transformation, Talentmanagement, Diversity, Equity & Inclusion (DE&I), Future of Work und das Coaching von Führungskräften sind seine Steckenpferde. Soziales Engagement ist ihm seit frühester Kindheit wichtig, derzeit als Pro-bono-Mentor für Arbeitslose im Alter 50+.
Thorsten, der schon in fünf Ländern gelebt hat, wurde mehrfach für seine innovativen und einflussnehmenden Projekte im Bereich DE&I ausgezeichnet. An der Fach-

DR. THORSTEN EGER

MANUEL LOJO

hochschule Nordwestschweiz (FHNW) doziert er auch Internationales Personalmanagement und HR-Leadership mit dem Ziel, sein Wissen an die nächste Generation weiterzugeben.

Dort, wo aus großen Zahlen Emotionen werden, dort ist sein »Zuhause«. 25 Jahre Erfahrung in der Interaktion mit Menschen als Entertainer und Kommunikationsexperte haben **MANUEL LOJO** um die halbe Welt geführt. In 8 Ländern haben ihn über 500 000 Menschen bereits live erlebt und auch im TV zur Prime-Time begeistert er ein Millionen-Publikum. Internationale Erfolge als Sänger mit eigenem Album gehören ebenso zu seiner kreativen Arbeit wie seine Arbeit als Autor von Büchern und On-line-Trainings. Zahlreiche Social Media Inhalte mit über 600 000 Aufrufen und über 11 Millionen Zuschauern im deutschen TV stehen für Sichtbarkeit und Erfolg. Als Vortragsredner gewann er bereits mehrere internationale Wettbewerbe und wurde mehrfach für den renommierten Red-Fox-Award nominiert.

www.manuel-lojo.com
www.essence-experts.com
aloha@manuel-lojo.com

RESSOURCEN PLANEN – ENTSCHEIDEN IN ZEITEN PERSÖNLICHER UND FINANZIELLER UNSICHERHEIT

Entscheidung 1

Manuel Lojo

Entscheidungen im Leben haben immer eine gewisse Tragweite, die man am Anfang noch gar nicht so recht überblicken kann. Eine meiner wichtigsten Entscheidungen hat mit der Pleite meiner damaligen Firma zu tun. Wobei ich ganz klar sagen muss, dass sehr viele Entscheidungen dieser Situation vorweg gingen. Dinge, die ich nicht getan habe. Dinge, die ich zu spät getan habe, bei denen ich blind vertraut habe. Das alles waren Dinge, die ich damals bewusst oder unbewusst entschieden bzw. zugelassen habe. Doch die wichtigste Entscheidung in diesem Fall war, nicht in die Privatinsolvenz zu gehen. Und das wurde mir von fast allen geraten, um aus der Sache glimpflich rauszukommen. Doch ich habe mich bewusst für einen anderen Weg entschieden, weil ich selbst im tiefsten Loch zu mir gesagt habe: »Du hast es doch schon einmal geschafft, eine Firma erfolgreich aufzubauen…«.

»...*dass du mit einem Rucksack voller Entscheidungen und voller positiver Gefühle besser fährst!*...«

Trotz der unterschiedlichsten Entscheidungen, die ich oder auch andere für mich getroffen hatten und die ich bereitwillig zugelassen und akzeptiert hatte, kam es zu diesem Moment, in dem ich mich entschied, nicht die Privatinsolvenz zu wählen, sondern klar die Verantwortung zu übernehmen. Das bedeutete, dass Mitarbeiter und Freelancer bezahlt wurden, Gläubiger, soweit es ging, ihr Geld bekamen bzw. mit ihnen zeitnah Übereinkünfte getroffen wurden, um die Schulden zu begleichen. Und das, obwohl ich zu diesem Zeitpunkt ohne Einnahmequelle, ohne Firma vor dem Nichts stand. Ich hatte mich bewusst zu diesem Weg entschieden. Aus einem Gefühl des Vertrauens heraus.

Ich muss sagen, die Tragweite war mir damals nicht bewusst. Doch jetzt weiß und sehe ich, warum es die richtige Entscheidung war. Denn all das, was ich mir in den letzten Jahren wieder aufgebaut haben, hat gezeigt, dass ich es auch ein weiteres Mal schaffen kann. Es hat bewiesen, dass du mit einem Rucksack voller Entscheidungen und voller positiver Gefühle besser fährst, als akzeptieren zu müssen: »Ich habe es damals nicht geschafft und bin Menschen etwas schuldig geblieben.«

Und jetzt predige ich, wie erfolgreich man im Leben sein kann. All das wäre nicht gegangen und ich hätte auch diesen Weg nicht gehen können, wenn ich damals diese wichtige Entscheidung nicht getroffen hätte, die Dinge selbst in die Hand zu nehmen und wieder ganz nach oben durchzustarten.

Der Bauch ist ein verdammt kluger Kopf

Stephanie Klein

Mein Name ist Stephanie Klein und das ist meine Geschichte.

Ich bin nach einer langen Beziehung mit häuslicher Gewalt den letzten Schritt in meine für mich ungewisse Zukunft gegangen. Ich ließ mein gesamtes Umfeld zurück. Freunde, Familie und Kollegen und auch meinen Job hing ich an den Nagel.

In meiner neuen Heimat angekommen, fand ich schnell beruflichen Anschluss. Ich begann in einem kleinen Familienunternehmen und hatte die Chance, den Pflegebereich auf- und auszubau-

» Da trafen Kopf und Bauch aufeinander! «

en. Ich dachte: »Jackpot für mich! Mit Menschen arbeiten. Das ist doch genau meins.« Anderthalb Jahre später. Ich liebte meine Arbeit, ich liebte das Team und mittlerweile auch meinen Chef. »Never fuck the company« – sagt man ja so schön. Doch wir waren beide Singles. Also: Shit happens, wir wurden ein Paar. Unser Leben war unfassbar schön und leicht.

Doch dann war plötzlich nichts mehr, wie es war. »Unser« Unternehmen geriet in die Schieflage und eine Insolvenz war unumgänglich. Es schnürte mir und natürlich auch meinem Partner alles zu. Denn schließlich hatte das auch für uns private Konsequenzen. Beide kein Einkommen mehr usw.

Doch eines Tages fragte mich der Insolvenzverwalter, ob ich nicht das Unternehmen für schmales Geld kaufen möchte. Ich hätte schließlich alle Voraussetzungen und ich würde vor allem den Mitarbeitenden ihren Arbeitsplatz sichern. Da trafen Kopf und Bauch aufeinander. Meine erste Antwort war Nein, Nein und nochmals Nein.

Zu Hause und 1000 Gedanken später und der innere Dialog wechselte sich ständig ab: Der Kopf sagte Ja, der Bauch sagte Nein, der Kopf sagte, »Mach es«, der Bauch sagte, »Lass es…« Was sollte aus meinem Partner werden? Er war mittlerweile fünfzig Jahre alt und seit dreißig Jahren selbstständig. Und was zum Teufel sollte mit den Mitarbeitenden und ihren Familien passieren? Ich hatte tausend Fragen und keine Antworten. Wir hatten nächtelange Gespräche. Es flossen etliche Tränen und es herrschte Unsicherheit auf allen Seiten.

Dann mein Bauch wieder »Stephie, lasse es«. Mein Kopf allerdings hatte sich bereits entschieden und sagte Ja! Plötzlich selbstständig! Abgesprochen war dann, dass mein Partner das Unternehmen leitet und ich mir parallel eine Anstellung für mindestens 30 Stunden suche. So weit, so gut. Uns gelang das auch. Doch letztendlich endete diese Selbstständigkeit nach zwei Jahren auch in einer Insolvenz. Nur diesmal in meiner. Und es waren diesmal keine äußeren Umstände, sondern mein Partner, der immer noch am Boden lag – leer, ausgebrannt und ohne jegliches Ziel – durch sein berufliches Schicksal. Es war ihm nicht möglich, diese Chance zu nutzen und neu zu starten. Weder hatte ich dies damals erkannt, noch hatte ich Verantwortung übernommen. Das Ganze ist jetzt viele Jahre her. Heute, nach schonungsloser, ehrlicher, selbstkritischer Reflexion und etlichen Seminaren für persönliche Entwicklung, lebe ich endlich wieder. Ich würde heute nicht mehr hier sein, denn mein größter Glaubenssatz war: »Ich bin eine Versagerin.« Doch das Leben an sich, jeder Augenblick, jede Erfahrung und jede Entscheidung, haben mich hierhergebracht. Heute stehe ich für Mut, für Selbstvertrauen und für Erfolg und mein größtes Learning aus dieser Entscheidung ist: »Der Bauch ist ein verdammt kluger Kopf.«

Mein Start in mein neues Leben

Nora Kim Retzlaff

Wir alle sind ins Leben gestartet. Ich auch. Und ich bin dann erneut gestartet. In mein neues Leben. Heute bin ich voller Motivation, Energie und Strukturen. Voller Stolz kann ich sagen, dass ich das heute wirklich so lebe. Denn das war nicht immer so.

Schon als junger Mensch hatte ich meine Ziele fest im Blick und setzte meinen Kurs auf das Glück in meinem Leben. Widrige Umstände und Hindernisse habe ich mit Elan erfolgreich abgebaut. Es schien, als ob ich es privat und beruflich geschafft hätte. 20 Jahre erfolgreiche Selbstständigkeit, mein stabiles, liebevolles Umfeld und meine glückliche Ehe suggerierten mir das.

Frisch verheiratet zogen mein Mann und ich in unser neues Zuhause, in dem wir gemeinsam glücklich alt werden wollten und schmiedeten wunderschöne gemeinsame Pläne für unsere Zukunft, während wir unsere gegenwärtige Zeit miteinander genossen. Wir nannten es gemeinsame Erinnerungen schaffen. Doch mein geliebter Mann verstarb völlig unerwartet und plötzlich.

Ich habe lange gebraucht, um mich wieder ins Leben zurückzukämpfen, aber ich schaffte es schließlich und fand sogar die Kraft, die Liebe wieder in meinem Leben zuzulassen. Mit dieser liebevollen Unterstützung und der Kraft meines gebrochenen Herzens habe ich mein Leben wieder gestaltet.

Leider war auch dieses Glück nur kurz zu Besuch, und so ist auch mein geliebter Partner völlig unerwartet aus dem Leben geschieden. Als dann auch noch weitere unerwartete Probleme auftauchten, riss es mir komplett den Boden unter den Füßen weg. Ich wusste nicht mehr ein noch aus und musste mich entscheiden: Entweder der enorme Stress überwältigt mich, oder ich bewältige ihn.

Ich gab meinen dunkelsten Tagen und Nächten eine Struktur, mit der ich mir Stück für Stück mein Leben zurück erkämpfte.

Dann kam das Coronavirus und stellte auch noch die restliche Welt auf den Kopf. Ich habe überlegt, wie ich darauf reagieren kann. Wenn ich nicht arbeiten gehen kann, verdiene ich kein Geld.

Digitalisierung war das Wort, das überall zu hören war. Klingt auch ganz logisch. Beruflich muss ich also digital werden. Tja, nur wie? Wie werde ich digital? Virtuell war ich nicht unterwegs, Facebook, Instagram und Co. kannte ich nur dem Namen nach, aber nicht aus eigener Erfahrung. Ich überlegte lange und viel. Ich habe recherchiert und recherchiert und mich von Social-Media-Managern beraten lassen. Und dann habe ich mir gesagt:

)) Es ist mein Leben und ich werde es schaffen! ((

»Ja, ich kann es lernen und ich weiß auch, dass ich es schaffen kann. Es ist mein Leben, und ich werde es schaffen.«

Trotz meiner leichten Legasthenie und meiner absoluten Unwissenheit im Social-Media-Bereich habe ich mich entschieden, beruflich online zu gehen. Was ich noch nicht kann, kann ich lernen oder anderen Experten in Auftrag geben.

So bin ich in mein neues Leben gestartet.

Wow, was habe ich bis jetzt alles gelernt. Es ist eine ganz neue Welt, die ich da betreten habe. Und ich bin stolz auf mich und darauf, dass ich mich das getraut habe. Ich habe schon viele Hindernisse überwunden und werde noch viele weitere überwinden. Und so wachse ich in eine für mich neue digitale Welt. Das ist meine Reise in ein unbekanntes Land namens Zukunft.

Mein Name ist Nora Kim Retzlaff und ich helfe als Stress-Frei-Coach offline und online anderen Menschen raus aus ihrem Alltagsstress, rein in ihr Leben in Balance. Wahrscheinlich hast auch du schon scheinbar unüberwindbare Herausforderungen gemeistert oder befindest dich gerade jetzt darin. Möglicherweise haben dich auch schwere Schicksalsschläge getroffen.

Aus eigener Erfahrung kann ich nur empfehlen, sich in so einer Phase Hilfe zu holen. Wir müssen uns da nicht allein durchkämpfen, wir dürfen uns helfen lassen.

Ich habe durch meine persönlichen Erfahrungen und meine Coaching-Ausbildungen sehr viel gelernt, und dafür bin ich dankbar. Mit einer individuellen Struktur für unseren Alltag funktionieren wir nicht mehr einfach nur, sondern kommen wieder in Balance und gestalten unser Leben selbst. Falls du dich gerade in einer schwierigen Herausforderung befindest, schwere Schicksalsschläge erlitten hast oder unter Stress leidest:

Glaub an dich.
Wenn du aufgibst, an dich zu glauben, hast du bereits verloren.
Selbst wenn du alles verlieren solltest und weiter an dich glaubst, kannst du alles gewinnen.
Glaub an dich!

Deine Nora Kim Retzlaff

#norakim

Wie mein Leben leicht wurde

Judith Juhnke

Hallo, ich bin Judith Juhnke. Ich unterstütze unerfüllte Menschen, die an Wendepunkten stehen dabei, sinnerfüllt und mit Leidenschaft zu leben, indem sie sich für sich selbst entscheiden.

Warum ich weiß, wovon ich spreche:

Weihnachten 1992, nachmittags am 24. Ich bin 10 Jahre und sitze mit meinem kleinen Bruder auf der Treppe im Flur. Wir warten aufgeregt auf das Signal, dass wir ins Wohnzimmer zur Bescherung kommen dürfen. Es dauert. Statt des Signals hören wir die Stimmen der Eltern, die immer lauter werden. Es geht wieder mal um Geld. Wer Schuld hat, wer wie viel verschwendet, wer die Familie ruiniert. Der Ton wird aggressiver und lauter. Wir hören alles. Mal wieder. Dann Stille. Wenige Sekunden später öffnet sich die Tür – unser »Signal« für die Bescherung. Wir werden aufgesetzt angelächelt. Ich fühle mich dumpf, betrogen, angewidert und unfassbar wütend. Und ich treffe eine Entscheidung, derer ich mir lange nicht bewusst war. Ich entscheide in diesem Moment, dass es für mich im Leben nicht leicht sein kann (wenn nicht mal Heiligabend leicht ist) und falls doch, ist der Weg dahin ein Kampf, den ich lieber alleine bestreite.

>)) Du erhältst im Leben immer mehr von dem, zu dem du laut »Ja« gesagt hast! ((

Was du glaubst, ist immer wahr. Für dich.

So war es auch für mich:

Weit über 100 Bewerbungen für Praktika und Jobs während und nach dem Studium »musste« ich schreiben, während meine Kommilitonen leichte Wege über Familie und Bekannte fanden.

Durchschnittliche 65–70 Stunden pro Woche im Job »musste« ich arbeiten in einem toughen Umfeld, während es in meinem Umfeld Menschen gab mit mehr Gehalt bei weniger Stunden.

Freie, private Zeit und Urlaub waren immer hart erarbeitet, es gab ja immer noch etwas fertigzustellen oder andere, die den Urlaubsslot auch wollten, also »musste« ich mich durchkämpfen.

Unterm Strich war alles in meinem Leben ein stetiger Kampf – von Behörden-Papierkram bis zur Karriereleiter und der eigenen Familie.

Ich hatte es ja so entschieden. Und wurde immer wieder darin bestärkt, weil ich ständig Beweise sah, die sagten: »Ja siehst du. Ist eben so«.

Du erhältst im Leben immer mehr von dem, zu dem du laut »Ja« gesagt hast. Hartes Leben, niemals leicht? »Ja« – dann bitte sehr.

Bis ich viele Jahre später und nach gefühlt unendlichem Hadern darüber, warum es denn nicht endlich auch mal leicht sein könne, erkannte, dass ICH damals auf dieser Treppe selbst so entschieden hatte.

Erschreckend und ermächtigend zugleich. Ich kann also SELBST entscheiden. Gigantisch. In der nächsten Sekunde hatte ich mich neu entschieden:

Mein Leben darf leicht sein. Der Kampf ist vorbei.

Die innere Reise nahm noch ein paar weitere Abbiegungen, bis ich in der heutigen Leichtigkeit ankam, dennoch war diese Entscheidung vor wenigen Jahren wegweisend und hat alles verändert für mich, mein Business, meine Beziehungen und mein Leben.

Diese Entscheidungen, das, was du als wahr über dich selbst entscheidest, nennen sich Storytelling, – die Geschichten, die du dir über dich selber erzählst – und sind ein elementarer Teil der 4 Schritte, die dich zu Bedeutung und Sinn (Meaning im Englischen) in deinem Leben führen. Und damit zu Erfüllung, Motivation und Leichtigkeit.

Meine Einladung an dich in 3 Steps:

1. Welche Geschichte über dich entscheidest du dich ab sofort nicht mehr als wahr anzuerkennen?
2. Für welche neue Wahrheit entscheidest du dich stattdessen?
3. Was ist ein Schritt, den du sofort umsetzen kannst mit der neuen Wahrheit, für die du dich entschieden hast?

Simpel und mächtig

Heiko Stahnke

Meine wichtigste Entscheidung habe ich getroffen, als ich mir selbst einen Fehler eingestanden habe. Einen Fehler in einer Finanzangelegenheit. Ich bin seit fast 20 Jahren in der Finanzbranche aktiv, habe zuvor den Beruf des Bankkaufmanns erlernt und behaupte, dass ich mit Geld ganz gut umgehen kann. Doch dann ist etwas passiert. Ich habe gezockt und ich habe einen fünfstelligen Betrag von jetzt auf gleich verloren. In mir startete die Achterbahn der Gefühle. Eine Mischung aus Wut, Traurigkeit und Enttäuschung. Am liebsten hätte ich diesen Fehler vertuscht und aus meinem Gedächtnis gestrichen. Ich habe mich schlecht gefühlt und war todunglücklich.

》*...ich mache mittlerweile gerne Fehler, denn sie sind zu meinen Helfern geworden!*《

Doch dann kam ein Wink des Universums, der mir geholfen hat. Ich hatte einen Fehler gemacht, ganz eindeutig. Und Fehler zu machen, passte nicht in mein Weltbild. Doch in diesem Moment habe ich die Macht eines Anagramms entdeckt. Für alle, die sich jetzt die Frage stellen, was ein Anagramm ist, folgt gleich die Auflösung. Ein Anagramm ist die Möglichkeit, aus dem Wort »Fehler« mit denselben Buchstaben ein völlig neues Wort zu kreieren. Du würfelst die Buchstaben durcheinander und setzt sie neu zusammen. So wird aus dem Wort »Fehler« das wunderschöne Wort »Helfer«.

Seit diesem Moment habe ich für mich die Entscheidung getroffen, meine Fehler anzuerkennen und den Helfer darin zu finden.

Denn ein Fehler ist nichts anderes als ein riesiges Hinweisschild in deinem Leben, auf dem steht: »Du hast einen Fehler gemacht, denn zu deinem gewünschten Ergebnis hat etwas gefehlt. Ich bin also dein Helfer, um dir ein Feedback zu geben, damit du beim nächsten Mal bessere Entscheidungen treffen kannst.«

Das Magische dabei war, dass ich durch diese simple Änderung ein deutlich besseres Gefühl verspürt habe. Ich war wieder mutig und hatte Lust, weiter nach vorne zu gehen. Ich war neugierig herauszufinden, was ich beim nächsten Mal besser machen kann. Mein Selbstvertrauen ist sprunghaft angestiegen und ich mache mittlerweile gerne Fehler, denn sie sind zu meinen Helfern geworden. Ich habe einen neuen Blickwinkel auf meine Lebenssituationen gewonnen und entdecke damit immer wieder neue Lösungen. So lerne ich aus meiner Vergangenheit und gehe mit ihr gestärkt in die Zukunft. Denn die kann ich beeinflussen. Ich ermuntere dich dazu, deine Fehler zu reflektieren und die Helfer darin zu finden und mit ihnen neue Entscheidungen zu treffen.

Kapitel 5

AND THERE IS AN »I« IN TEAM – WIE WIR IN ZUKUNFT ZUSAMMEN LEBEN UND ARBEITEN

Entscheidung 2

Manuel Lojo

Eine Entscheidung, die ich täglich für mein Leben treffe, ist, dass ich die Dinge anspreche, die mir nicht gefallen. Dinge anspreche, die ich nicht für richtig halte. Dinge, bei denen ich anderer Meinung bin. Dinge, die ich anspreche, um anderen nicht einfach nur meine Meinung kundzutun, sondern um zu helfen. Aber ihnen dabei auch helfe, um mir am Ende selbst helfen zu können.

> »Denn wer die Entscheidung trifft, um Hilfe zu bitten, wird auch Hilfe bekommen. Oder zumindest eine Antwort!«

Denn wer die Entscheidung trifft, um Hilfe zu bitten, wird auch Hilfe bekommen. Oder zumindest eine Antwort! Denn genau wie bei Babys gilt die Regel »wer nicht schreit, der wird nicht gestillt« auch bei uns Erwachsenen. Wer nicht »schreit« und sich kundtut, wird auch nichts bekommen! Bei den Babys übernimmt noch Mutter Natur die Leitung, doch im Alter geht dieser Impuls bei uns immer weiter verloren. Wenn wir nicht kommunizieren, wenn wir die Entscheidung nicht treffen, Dinge anzusprechen, werden wir länger für unsere Erfolge brauchen oder die Erfolge stellen sich gar nicht erst ein. Denn wenn ich einen Menschen anspreche, ihm meine Meinung zu einem Problem kundtue, hat mein Gegenüber ab diesem Moment auch die Möglichkeit darauf zu antworten, die Information zu verarbeiten und in Aktion zu treten. Gemeinsam können wir innerhalb kürzester Zeit einen Lösungsansatz formulieren, um diese Herausforderung zu meistern.

Wie oft sprechen wir Dinge in Partnerschaften oder in Unternehmen einfach nicht an? Dinge, die uns stören, und auf einmal gehen Monate, sogar Jahre ins Land, in denen die »Ergebnisse« immer schlechter werden. Das Klima in Familien oder in den Büros der Republik wird immer schwieriger, weil man entschieden hat, nicht zu kommunizieren! Praktisch unterlassene (Selbst-)Hilfeleistung!

Diese Entscheidung wird meist unterschwellig getroffen, anstatt aktiv zu kommunizieren. Es ist besser, entscheidende Themen, die wehtun, Themen, die unangenehm sind, sofort anzusprechen, um in kürzester Zeit gemeinsam weitere Entscheidungen treffen zu können, die für alle Parteien für jegliche Situationen eine Lösung bieten. So wird keine Zeit durch nicht getroffene Entscheidungen verschwendet.

Lasst uns gemeinsam wir.ken

Selma Sona Gerstenberg

Januar 1994. Ich bin 19 und höre den Seminarteilnehmern und -teilnehmerinnen zu, die sich und ihr »Warum« vorstellen, ihr »Warum« für das »Nach-unten«-Gehen. Auf ihren Gesichtern liegt ein ernsthafter Ausdruck. In welchem Seminar bin ich? Es geht um ehrenamtliche Einsätze als internationale Freiwillige während des Jugoslawien-Krieges. Einsatz im Jugoslawien-Krieg? Nein, ich bin aus Versehen im falschen Seminar! Oder etwa doch nicht? Es kann kein Zufall sein, dass mich meine Wege ausgerechnet in dieses Seminar geführt haben. Also öffne ich in mir den Raum für diese Option: Ich im Einsatz als internationale Freiwillige während des Jugoslawien-Krieges ... Gemischte Gefühle kommen in mir auf. Mir ist mulmig zumute. Furcht.

Mein Vater wurde als Baby 1943 in den Zweiten Weltkrieg hineingeboren. Meine Mutter erlebte als kleines Mädchen den Korea-Krieg. Ich selbst bin wohlbehütet im Luxus aufgewachsen und mit dem Privileg groß geworden, mein Leben so zu leben, wie ich es will. Ich konnte Diplom-Politologie und Psychologie studieren, viel reisen, mich auf Seminaren zu Persönlichkeitsentwicklung weiterbilden, Partys feiern und mich vegetarisch ernähren, während Gleichaltrige ohne eigene Verantwortung plötzlich nicht mehr dazu in der Lage waren zu studieren, zu reisen, sich persönlich weiterzubilden, zu feiern und sich ausgewogen zu ernähren. Stattdessen erlebten sie Krieg mit all seinen unvorstellbar abgrundtiefen Grausamkeiten und bitteren Konsequenzen. Ich bin zutiefst dankbar, dass ich mein Leben auf der Sonnenseite des Lebens genieße und spüre das Gefühl, dieses Glück mit Menschen zu teilen, denen es ohne eigenes Verschulden verwehrt ist.

Und dann ist sie da, meine Entscheidung. Es ist keine belanglose Entscheidung wie: »Für mich bitte Pistazien-Eis«, sondern es ist eine dieser markanten Entscheidungen mit hoher Entscheidungs-Dichte und großer Tragweite. Eine Entscheidung mit unumstößlicher Entschlusskraft dank innerer Klarheit und Wahrheit. Kurz nach-

)) Geben und Annehmen ist eins!((

dem diese Entscheidung für mich ganz klar ist, mache ich mich bereits im März 1994 auf den Weg als internationale Freiwillige in ein riesiges Flüchtlingslager nach Jugoslawien. Ich hatte für meinen Einsatz mitgeteilt, dass er überall in Jugoslawien stattfinden könne, unter einer einzigen Bedingung: eben nicht in jenem Flüchtlingslager, das direkt zwischen zwei Fronten lag.

Je mehr wir Gutes teilen, ganz egal, um welche Entscheidung es sich dabei handelt, desto besser. Wenn eine Entscheidung dazu dient, einen Beitrag zu leisten und anderen Menschen zu helfen, ist es immer die richtige Entscheidung. Wir kommen auf diese Welt dank der Hilfe anderer Menschen und genau so gehen wir auch wieder körperlich von dieser Welt. Der natürliche Kreislauf ist also, einander zu helfen. Bedingungslos. Nicht, »um zu«. Nicht als gegenseitige Hilfe, kalkuliert in der Erwartung einer Gegenleistung von der Person, der wir zuvor geholfen haben. Sondern bedingungslos einander helfen. Hilfe bedingungslos geben und Hilfe dankbar annehmen. So wie wir von einem Baby keine Gegenleistung erwarten, wenn wir es auf die Welt begleiten oder von einem Menschen, den wir am Ende seines Lebens verabschieden. Das ist der natürliche Kreislauf des Lebens.

Und genau so, wie wir anderen Menschen helfen, dürfen wir auch selbst Hilfe annehmen. Beides ist ein *Wunder-Volles* Geschenk. Geben und Annehmen ist eins. Circle of life. Circle of love.

In diesem Sinne:
Lasst uns gemeinsam wir.ken!

Von Herzen Dank,
Deine Selma Sona

Kenne, lebe
und kommuniziere deine WERTE!

Jessica Rumpf

Stell dir vor, es ist ein Uhr nachts. Du stehst auf einer Rolltreppe, die nach unten läuft. Während du tiefer und tiefer in den Untergrund fährst, kommt dir warme Luft entgegen und wärmt dein Gesicht.

Der Geruch von Urin steigt in deine Nase, ein kühles, grelles Licht an der Decke erhellt den dunklen U-Bahnsteig. Du gehst zum Steig und blickst in den dunklen tiefen Tunnel, der im Nichts verschwindet. Dir läuft es eiskalt den Rücken herunter. Der Bahnsteig scheint verlassen, doch plötzlich der grelle Schrei einer Frau. Du gehst weiter am Gleis entlang und siehst hinter einem Betonpfeiler einen Mann stehen. Er drückt eine junge Frau gewaltsam an die Wand. Etwas eingeschüchtert hältst du Abstand und beobachtest das Geschehen. Der Mann schreit die Frau an und wird dabei immer lauter. Sie versucht sich zu wehren, doch er drückt sie wieder fest an die Wand. Als sie wieder laut aufschreit und versucht sich loszureißen, nimmst du deinen ganzen Mut zusammen und gehst auf das Paar zu. Dein ganzer Körper ist angespannt. Adrenalin schießt durch deinen Körper, dein Puls schlägt immer schneller und stärker. »Hey, Sie da, lassen Sie die Frau sofort los!« Der Mann weicht erschrocken zurück. »Lassen Sie sie in Ruhe und verschwinden Sie!«

Das war das erste Mal, dass ich einer anderen Frau in Not helfen konnte. Ich habe in diesem Moment nicht lange überlegt, was ich tun kann, sondern habe die Entscheidung getroffen, zu handeln und einzugreifen. Ich muss sagen, dass das nicht nur mein Leben verändert hat, sondern eben auch das dieser jungen Frau. Vielleicht denkst du jetzt in diesem Moment: »Hm, war ganz schön leichtsinnig, was hätte alles passieren können?« Ging mir später auch mal kurz durch den Kopf, aber ich habe absolut nach meinen WERTEN gehandelt und das hat mein »Selbstwertvertrauen« nochmal enorm gestärkt.

>> *Triff deine Entscheidungen auf der Grundlage deines Wertesystems!* <<

Es ist doch so, dass wir den ganzen Tag irgendwelche Entscheidungen treffen. Manchmal sind sie eher banal wie die Frage nach dem Essen. Esse ich jetzt lieber Nudeln, Reis oder Kartoffeln? Aber es sind doch oft auch sehr gravierende Entscheidungen und die bestimmen unser weiteres Leben. Ich persönlich weiß nicht, was passiert wäre, wenn ich mich entschieden hätte, wegzugehen. Was wäre dann aus der jungen Frau geworden? Ich wünsche mir, dass dir bewusst ist, dass deine Entscheidungen für oder gegen eine Handlung oftmals auch Auswirkungen auf das Leben von anderen Menschen haben. Triffst du aber deine Entscheidungen auf der Grundlage deines Wertesystems, dann behaupte ich, wirst du dich nie mehr falsch entscheiden und etwas bereuen und das wünsche ich dir.

KENNE, LEBE und KOMMUNIZIERE DEINE WERTE!

WERTEvollen Dank.

Berufliche Veränderung

Michael Biedenbach

Stell dir vor, du gehst spazieren. Es ist Herbst, von den Bäumen fallen die Blätter. Du spürst die Herbstsonne auf deiner Haut. Du riechst das feuchte Laub. Die Vögel zwitschern. Eigentlich ist da gar nichts mehr. Eins mit der Natur sein, sich entspannen. Doch auf einmal klingt der Ruf deiner inneren Stimme: »So geht es nicht weiter. Du musst etwas ändern! Das Ganze ist nicht mehr stimmig.« Auf einmal hast du einen Kloß im Hals. Es steht eine Entscheidung an, die eine große Veränderung im Leben bedeutet. Die Komfortzone ist bedroht. Du spürst, dass das nicht einfach wird.

» Ich war mutig und wurde dafür belohnt! «

Das damals auf diesem Spaziergang, das war ich. Bei mir stand eine berufliche Veränderung an. Ich hatte mir während des Studiums zusammen mit einem Freund eine Veranstaltungsagentur aufgebaut. Wir haben immer dann gearbeitet, wenn andere frei hatten, am Wochenende und an Feiertagen. Meine Frau arbeitete von Montag bis Freitag, und wir hatten ein Jahr zuvor Nachwuchs bekommen. Ich hatte keine Lust mehr auf das Vagabundenleben. Ich wollte bei meiner Familie sein. Darüber hinaus waren die Einkommensmöglichkeiten in der Agentur begrenzt, und ich hatte doch studiert und wollte meiner Familie etwas bieten.

Ich schrieb ungefähr 50 Bewerbungen. Es ergaben sich zwei Vorstellungsgespräche. Eins bei einer Unternehmensberatung, wo es um einen Job mit viel Reisetätigkeit ging, was ich nicht wollte, und ein weiteres bei einem börsennotierten Personaldienstleister. Und ich hatte Glück. Dort erhielt ich ein Angebot. Mein direkter Vorgesetzter war Kai und der war spitze. Ich spürte vom ersten Moment an sein Vertrauen. Ich gab Vollgas und telefonierte Listen mit potenziellen Kunden ab. Es waren natürlich nicht die Top-Kontakte, die hatten die Kollegen mit langjähriger Erfahrung. Nach vier Wochen hatte ich Glück: Ein Dax-Unternehmen gab mir einen Suchauftrag. Ich fand mit viel Kreativität in einer neuen Bewerberdatenbank den passenden Kandidaten für eine spezielle Funktion. Nach sechs Wochen konnte ich die erste Rechnung von über 10 000 Euro stellen. Danach bekam ich mit, dass der Niederlassungsleiter und der damalige Top-Verkäufer Wetten auf mich abgeschlossen hatten. Sie wetteten um eine Kiste Bier, dass ich innerhalb von acht Wochen die erste Vermittlung schaffte. Der Top-Verkäufer verlor, er hatte gegen mich gewettet.

Dann ging alles ganz schnell. Mir gelang die nächste Vermittlung und mein Vorgesetzter sah das Potenzial in mir. Er gab mir jetzt einige seiner Kontakte, die er zeitlich nicht mehr betreuen konnte, und es hörten Verkäufer auf, deren Kontakte auf mich und die Kollegen aufgeteilt wurden. Nach einem Jahr war ich der Top-Verkäufer im Unternehmen. Ich gewann Vertriebswettbewerbe und verdiente sechsstellig. Ein schöner Firmenwagen kam on top. Diese Top-Position habe ich bis zu meinem Ausstieg nach fünf Jahren nicht mehr abgegeben. Der wichtigste Schlüssel war meine Entscheidung, die Komfortzone zu verlassen. Ich war mutig und wurde dafür belohnt.

Die Triple-E-Methode – Eigenverantwortung + Entscheidung = Entwicklung

Stephanie Klein

»Wer Menschen führen will, muss hinter ihnen gehen«

Dieses Motto begleitete mich bereits viele Jahre, wobei mir die Tiefe der Bedeutung erst bewusst wurde, als mein Team geschlossen kündigen wollte!

Was war geschehen? Als Angestellte bei einem großen Personaldienstleister arbeitete ich mit meiner damaligen Vorgesetzten und Niederlassungsleitung sowie einer Auszubildenden zusammen. Ich hatte neben meinen täglichen Aufgaben wie Akquise, Vertrieb und Disposition die Verantwortung für ca. 35 externe Mitarbeitende. Wobei ich keine disziplinarische Vorgesetzte war.

Eines Tages, unser internes Team war zwischenzeitlich auf sieben Mitarbeiter*innen gewachsen, fiel unsere Niederlassungsleitung wegen Krankheit mehrere Monate aus. Als »Dienstälteste« mit dem meisten Know-How bekam ich den »Hut auf« und wurde stellvertretende Niederlassungsleitung. Herrje, war ich aufgeregt, und natürlich fühlte ich mich durch diese Beförderung in meinem Tun und Handeln mehr als bestätigt. In den folgenden Monaten in meiner neuen Rolle entwickelte ich eine enorme Arroganz und Dominanz, getreu dem Motto: »Ich Chef, du nix.«

Doch der Schuss ging gewaltig nach hinten los! Es war ein trüber und nieseliger Oktobermorgen, als ich das Büro betrat und unser

Geschäftsführer mich erwartete. Lediglich ein »Guten Morgen« konnte ich aussprechen, denn die Energie, die dort herrschte, sprach für sich. Ich folgte ihm ins Büro und mir wurde ohne Umschweife eröffnet, dass das Team gerade geschlossen zum Monatsende gekündigt habe – WEGEN MIR – BÄHM!! Und wie aus dem Nichts sagte ich: »Nein, auf gar keinen Fall. Ich kündige hiermit und bitte um Freistellung.«

Bis heute weiß ich nicht, wo diese Stimme herkam, die diesen Satz ausgesprochen hat, doch habe ich in diesem Moment ganz unbewusst oder vielleicht doch bewusst diese Entscheidung getroffen. Mein Chef stimmte zu und die Kolleg*innen behielten ihren Job. Ich war verzweifelt, niedergeschlagen und orientierungslos, ich stellte mir die Frage, wie es dazu kommen konnte, dass ich ein so abschätziger Mensch im beruflichen Kontext werden konnte und ich stellte mir die entscheidenden Fragen: »Wer bin ich, wenn ich niemand sein muss?« und »Was ist mein *Know-Why*?«

>> ...*denn Bindung entsteht im direkten Arbeitsumfeld?* <<

Meine Reise begann ...

Auch heute bin ich noch Führungskraft und ich bin Trainerin, Mentorin und Coach. Es ist meine Leidenschaft, meine Berufung, Menschen auf ihrer Reise zu begleiten und in ihrer Entwicklung zu unterstützen. Wir Führungskräfte haben einen erheblichen Einfluss auf die Unternehmenskultur, denn Bindung entsteht im direkten Arbeitsumfeld. Werte wie Eigenverantwortung, Entscheidung und Entwicklung sind fester Bestandteil meines Lebens geworden.

Mein Know-Why habe ich auf meiner Reise gefunden:

Ich unterstütze Organisationen dabei, eine Verbindung von Sinnhaftigkeit und Profitabilität herzustellen. Um Vertrauen zu erleben und Erwartungen an sich selbst entwickeln zu können, benötigen Menschen in ihrem beruflichen Kontext den richtigen Rahmen.

Denn nur, wenn Mitarbeitende erkennen, warum sie tun, was sie tun, arbeiten sie für sich selbst sinnstiftend und für das Unternehmen profitabel.

»Erfolgsfaktor Mensch – viele Menschen haben Know-How und nur wenige ein Know-Why«

Stephanie Klein

Negative Erfahrungen als Motivation

Christian Brink

Selbst wenn wir oft noch nicht wissen, was wir wollen, so ist uns doch schnell bewusst, was wir NICHT wollen. Diese negativen Erfahrungen und Erlebnisse können zum echten Motivator werden, um im eigenen Leben einen Unterschied zu machen. So ist es auch mir ergangen.

1996 habe ich meine Lehre als Chemielaborant begonnen. Ich war motiviert, ich war neugierig, ich wollte etwas bewegen. Forschung und Entwicklung, das waren damals die Zauberworte für mich. Doch schnell stellte ich fest, dass die Entwicklung der Mitarbeiter oder Azubis in diesem Unternehmen nicht im Vordergrund stand. Als Azubis fühlten wir uns als Erfüllungsgehilfen, die Aufgaben abarbeiteten, ohne dass jemand den Sinn dahinter erklärte. Die sehr unterschiedlich agierenden Abteilungsleiter hatten überwiegend eins gemeinsam: keinen Plan von Personalführung. Cholerische Ausfälle bei Fehlern waren an der Tagesordnung, hilfreiche Erklärungen blieben aus.

)) ...denn das ist es, was echte Leader für ihre Mitarbeiter tun? ((

Diese Erfahrungen ließen mich eine wesentliche Entscheidung treffen: Sollte ich in meinem Leben einmal Führungskraft oder Chef sein, dann auf keinen Fall in der Weise meiner ehemaligen Vorgesetzten. Glücklicherweise gab es in dem Unternehmen auch einige (viel zu wenige) Führungskräfte, die als gutes Beispiel vorangingen. Das war für mich ein Lichtblick und Inspiration, dass es auch anders ging. Ich wollte nie ein diktatorischer, rechthaberischer, misstrauischer, tyrannischer und über allem stehender Chef werden.

Obwohl diese Entscheidung schon über 20 Jahre zurückliegt, ist sie heute wichtiger denn je. Ich habe meine Vision zu meiner Berufung gemacht und berate Unternehmen in Führungsfragen. Dabei treffe ich immer noch auf Zustände, wie ich sie selbst in meiner Ausbildung erlebt habe. Heute weiß ich, dass ich als Führungskraft die Verantwortung für die Entwicklung und das Potenzial meines Teams übernehme. Ich weiß, dass ich mehr wahrnehmen, weiter denken und vorausschauend arbeiten muss. Als Leader bin ich derjenige, der Ideale vorlebt und durch mein Verhalten über Erfolg oder Misserfolg meines Unternehmens entscheide. Nur wenn ich jeden Einzelnen meiner Crew erfolgreich mache, kann in der Summe das Unternehmen erfolgreich sein.

Für die Erfahrungen aus meiner Azubi-Zeit bin ich dankbar, denn sie haben mich geprägt und geformt. Meine Entscheidung ist es, dass ich der Mensch, der Mentor sein möchte, den ich als Angestellter gebraucht hätte. Ich möchte Menschen dabei unterstützen, ihre Ziele zu erreichen. Denn das ist es, was echte Leader für ihre Mitarbeiter tun.

Kapitel 6

THE TOP OF THE MOUNTAIN IS THE BOTTOM OF THE NEXT – WARUM DER TIEFSCHLAG NACH DEM HÖHENFLUG ZUGLEICH AUFSCHWUNG BEDEUTEN KANN

Die Entscheidung sowie
die Verantwortung liegen immer bei dir!

Virgil Schmid

Ich bin Virgil Schmid, Verkaufstrainer, Autor und Business-Speaker, und erzähle euch meine Geschichte über eine Entscheidung, die radikal mein Leben verändert hat.

Im Jahr 2003 habe ich mich selbstständig gemacht als Trainer, Speaker und Coach. Meine Schwerpunktthemen: Motivation, Business-Coaching und Verkaufstraining. Mein Fokus und meine Positionierung: SPIELEND VERKAUFEN – Inspiration und Motivation mit Spiel, Spaß und Spannung. Diese Philosophie habe ich in meinem Unternehmen, einem Tankstellenshop, eins zu eins umgesetzt und den Umsatz innert fünf Jahren verdreifacht (> 12 Mio./Jahr).

>> *Wahlfreiheit ist die größte Freiheit!* <<

Im Jahr 2012 habe ich zusammen mit anderen Autoren das erste Buch veröffentlicht. Das Buch »Die besten Ideen für erfolgreiches Verkaufen« wurde schnell zum Bestseller. Mein Beitrag »Mit Lust und Spaß verkaufen« hat hohe Wellen geschlagen. Das Schreiben hat mich dann inspiriert, ein eigenes Buch zu schreiben. Das Buch »Spielend verkaufen – Wie Sie Ihre Kunden mit originellen Ideen begeistern« ist im Jahr 2013 erschienen. Mit diesem Buch wollte ich die große Bühne rocken und das Buch als Bestseller positionieren.

Und dann kam meine folgenschwere Entscheidung. Ein Kunde und Freund hat mir die Stelle als Geschäftsführer in einem Medienunternehmen angeboten. Ich habe mich dann gegen die Speaker-Karriere entschieden und eine Anstellung der Selbstständigkeit vorgezogen.

Drei Jahre später: tiefster Fall und Burnout der schlimmsten Sorte. Nach der Einweisung in die Klinik zuerst den Job verloren, danach die 22-jährige Beziehung und am Ende unser gemeinsames Haus. Ich war mehr als drei Jahre tot, emotions- und gefühllos mit einer schweren Depression. Ich war da, aber nicht wirklich präsent. Abwesend, abgelöscht und in einer anderen Welt. Ich bin an meinem Haus vorbeigefahren und habe nichts mehr realisiert. Lebendig tot! Und das über drei Jahre.

Nun bin ich wieder zurück. Ich habe mich zurückgekämpft. Seit 2020 bin ich mit voller Kraft da und arbeite erfolgreich an meinem Comeback in der Speaker-Szene. Was war an meiner Entscheidung falsch? In der damaligen Situation habe ich gegen meine Berufung und Passion entschieden – und für meine Sicherheit. Die Entscheidung gegen mich war eine folgenschwere Fehlentscheidung.

Was habe ich daraus gelernt? Zu mir selbst zu stehen, nie aufzugeben, positiv zu denken und immer an den Erfolg zu glauben. Die mentale Einstellung und die positive Denkweise sind entscheidend. Jede Entscheidung hat ein Preisschild. Die Entscheidung sowie die Verantwortung liegen immer bei dir. Ich habe damals eine Entscheidung getroffen, die meine Lebensqualität kurzfristig massiv beeinträchtigt hat. Ich habe für meine Entscheidung einen hohen Preis bezahlt. Hatte meine Entscheidung auch etwas Gutes? Ja, ich habe viel über mich und generell über Veränderungsmanagement gelernt. Von dieser Erfahrung profitieren jetzt meine Klienten und Kunden.

Wahlfreiheit ist die größte Freiheit. Ich fühle mich frei und freue mich auf das, was kommt. Meine Ex-Frau ist wieder meine beste Freundin, ich habe mir eine schöne Wohnung in der Ostschweiz gekauft, verbringe den Winter jeweils in Spanien und stehe wieder als gefragter Keynote-Speaker regelmäßig auf der Bühne. Und das ist gut so.

Entscheide dich für das Leben und hol dir das, was du erträumst

Monika Bubel

Hallöchen, ich bin Monika Bubel, ich nenne mich Wal-Botschafterin, aber das war nicht immer so. Es gab ein Ereignis in meinem Leben, da musste ich mich entscheiden: So weitermachen wie bisher oder endlich wieder am Leben teilnehmen.

Ich hatte eine behütete Kindheit, habe viel Sport gemacht, war viel an der frischen Luft und sehr aktiv. Nach der Schule kamen die Studienjahre und das Reisen mit Freunden durch die Welt. Und mit 29 sagte ich meinem Freund: Wir bekommen ein Baby!

Super, es hat geklappt. Das wollten wir beide, eine Familie gründen. Was wir auch taten. Und da passierte etwas mit mir, das mir erst viel später bewusst geworden ist. Irgendwie habe ich mich selbst total aufgegeben und gar nicht mehr gelebt. Ich wollte eigentlich nie angestellt arbeiten, und mein Freund, den ich inzwischen geheiratet hatte, versorgte unsere kleine Familie auch sehr gut. Aber mein Leben bestand nur noch aus Familie und vor allem Fernsehgucken.

Ich hatte kurz nach der Geburt meiner Tochter ALLE, ich betone ALLE Fußballspiele der WM geschaut, ich verbrachte zig Stunden vor dem Fernseher und mein Leben trottete einfach so dahin. Das ging etwa zwei Jahre so. Ich ließ mich gehen, hatte keinerlei Ansporn mehr. Außer die Familie zu versorgen, ab und zu mal Freunde zu treffen und fernzusehen.

Ich wurde wieder schwanger. Ich wollte auch zwei Kinder, aber nicht so kurz hintereinander.

Und dann bekam ich in der 12. Woche Blutungen und meine Frauenärztin sagte mir, mein Kind sei in der 11. Woche abgestorben. Es zog mir den Boden unter den Füßen weg. Ich war total traurig. Heulte die ganze Nacht. Ich musste ausgeschabt werden im Krankenhaus und verbrachte dort eine elendig lange Nacht alleine mit mir und meinem Schmerz und meinem schlechten Gewissen. Ich wollte das Kind ja gar nicht zu dieser Zeit.

» Es zog mir den Boden unter den Füßen weg! «

Ich schrieb mir alles von der Seele. Das tat gut. Aber das schlechte Gewissen blieb. In mir kreisten Gedanken wie:

Warum das Kind und nicht ich? Warum darf ich weiterleben?
Warum ist das überhaupt passiert?
Wurde ich bestraft, weil ich das Kind nicht wollte?

Nach ein paar Tagen des Selbstmitleids, Schmerzes und des schlimmer werdenden schlechten Gewissens kam mir die Idee: Vielleicht war das ja eine Botschaft. Vielleicht wollte mir mein Oliver ja zeigen, dass es so nicht weitergehen konnte mit mir. An dem Gedanken habe ich dann festgehalten und wieder einige Zeit später die Entscheidung getroffen, mein Leben nachhaltig und drastisch zu verändern.

Ich begann Sachbücher statt Belletristik zu lesen, nahm wieder aktiv am Leben teil, meldete ein Gewerbe an, versuchte mich in einigen Dingen und erfüllte mir nach und nach meine Träume, zum Beispiel Skipperin zu werden und Wale und Delfine zu beobachten und davon zu erzählen. Ich hatte vor einigen Jahren auf Seelenebene Kontakt zu meinem nicht geborenen Sohn Oliver, der mir bestätigt hat, dass er gekommen sei, um mir einen Tritt in meinen Allerwertesten zu geben und mich dazu zu bringen, von meinem Couch-Potato-Dasein wieder in die Aktion zu kommen.

Dafür danke ich dir immer noch sehr, mein Sohn!

Und allen Lesern möchte ich EINE Botschaft mitgeben: Egal wo du gerade stehst, egal in welcher Situation du gerade steckst, lass es nicht so weit kommen, dass dir dein Körper, egal in welcher Form, einen Arschtritt verpasst. Entscheide dich für das Leben und hol dir das, was du dir erträumst. Das Leben ist ein Geschenk. Lebe es!

Das Licht des Bewusstseins

Wiltrud Clarner

Mein Beitrag zu dem Thema »Entscheidungen treffen« passt interessanterweise zum Karfreitag. Jeder Mensch trägt scheinbar sein eigenes Kreuz auf den Schultern und so auch ich. An einem der tiefsten Punkte meines Lebens traf ich eine Entscheidung, die mein Leben grundlegend veränderte.

Von Traumata und Dramen geprägt, war der Schmerzpunkt sowohl körperlich als auch seelisch erreicht. Hier möchte ich jetzt näher darauf eingehen. Aber der Tod und damit auch die Angst vorm Tod und damit einhergehender Verlust, begleitete mich schon seit meiner Kindheit. Ich wurde immer wieder damit konfrontiert, so auch jetzt wieder. Da waren Tage in meinem 35. Lebensjahr, an denen ich das Leben völlig infrage stellte. Ich war voller Schmerz und nichts von außen half mir. Mir war klar, dass ich da nicht alleine rauskomme, und in meiner tiefen Verzweiflung traf ich die Entscheidung, – wenn mir jemand helfen kann, dann nur Gott. So flehte ich Gott an, mir jetzt zu zeigen, was Leben und Tod wirklich bedeuten. Ich bin jetzt nicht jemand, der besonders katholisch ist, aber ich glaubte, da gibt es mehr zwischen Himmel und Erde. Ich wusste mir aber sonst keinen Rat mehr, außerdem führte ich als Kind in Verzweiflung schon öfter mal Zwiegesprächen mit dem sogenannten »lieben Gott«.

In dieser Nacht geschah aber etwas, das mit dem normalen Verstand nicht zu begreifen war. Ich machte eine Art Nah-Tod-Erfah-

> »... *wenn mir jemand helfen kann, dann nur Gott!*«

rung, eine bewusstseinserweiternde Erfahrung, und fand mich außerhalb meines Körpers wieder. Zuerst erschrak ich und dachte: »Wie kann das sein? Bin ich jetzt tot?« Mir wurde dann gezeigt, dass es das, was wir Tod nennen, gar nicht wirklich gibt, dass wir viel mehr sind als nur unser Körper und unser Verstand. Es war eine Reise in ein unendliches Licht. Mit der Erkenntnis und Erfahrung, dass unser Bewusstsein unendlich ist, kam ich wieder in meinen Körper zurück. Mit diesem neuen Verständnis und neuer Kraft veränderte sich mein ganzes Leben.

Ich kam in einen Transformationsprozess und alles ordnete sich neu. Meine große Angst vor dem Tod und dem damit verbundenen Verlust geliebter Menschen verschwand und vor allem die Angst vor dem LEBEN. Das Erwachen begann, und das Leben selbst übernahm die Führung. Es wurde jeden Tag leichter und schöner. Meine Seele gesundete und alle meine Krankheiten verschwanden mit der Zeit. Ich erfuhr eine neue Freiheit und auch eine neue Berufung. Seither begleite ich Menschen in ein neues Bewusstsein ihrer selbst – zu ihrem Wesenskern – und es macht mir sehr viel Freude, ihre Entwicklungen zu sehen.

Du brauchst keine Nah-Tod-Erfahrung zu haben, um dir selbst in der Tiefe zu begegnen. Manchmal braucht es nur deine Entscheidung, neue Wege zu gehen.

Glücklich getrennt – ist neu entschieden!

Corinna Spaeth

»Wenn Sie das auch noch hinbekommen, dann sind Sie die Erste, der die Quadratur des Kreises gelingt. Aber wissen Sie was – Ihnen traue ich das voll zu!«

Das waren die überraschten Worte im Telefonat mit einer Kundin, als ich ihr zu Beginn der Corona-Krise offenbarte, dass ich meinen Radius auf das Thema Offboarding, d. h. auf Trennungsmanagement in Unternehmen, erweitern wolle. So war ich ihr doch bekannt als die Menschenfreundin, die Resilienzexpertin, als die Führungskräftecoachin. Im ersten Moment kam ich selbst ins Grübeln. Hatte ich mich selbst verleugnet? Warum war ich davon überzeugt, dass das Thema des würdigen, menschlichen Verabschiedens so wichtig für einen Arbeitsmarkt der Zukunft ist? Was hat das Thema mit mir zu tun? Kündigungsschmerz ist wie Liebeskummer. Wer kennt das nicht? Zumindest Letzteres. Zeigt sich nicht im Abschied der wahre Charakter? Ist es wirklich ein Widerspruch in meiner Person? Und wenn ja, muss alles stromlinienförmig sein? Kommen wir nur deswegen damit zurecht, weil wir die Person dann besonders gut in unsere vorgefertigten Kästchen einordnen können und uns das wiederum vermeintliche Sicherheit bringt? Oder ist es die Irritation über neue Freiheitsgrade bei sich und bei anderen, die uns manchmal stört, weil sie uns bei uns selbst ins Zweifeln bringt? Oft sind das die Fragen, die auf ein Tor hin zu mehr zeigen. Und zack – sind wir auch schon bei der Frage, was eigentlich erlaubt ist bzw. was man sich selbst erlaubt.

Wo ist dein Ruf? Wovon willst du dich trennen und wofür trittst du an? In dieser Situation? In dieser Firma? In dieser besonderen Zeit? In diesem Leben?

Oft vermissen wir die Leidenschaft, das Herzblut, das spürbare Brennen für ein Projekt, für eine Sache, für bestimmte Menschen. Selten stellen wir uns die Frage, was Berufung, Leidenschaft und außergewöhnliche Entscheidungen mit unseren eigenen Werten zu tun haben. Aus meiner Sicht sehr viel. Denn nur wenn ich mir erlaube, meine eigene Persönlichkeit auch beruflich mit ihren Facetten zu leben, dann kann ich auch andere bewegen, in ihrem Unternehmen die richtigen Entscheidungen zu treffen.

>> *Wo ist dein Ruf? Wovon willst du dich trennen und wofür trittst du an?* <<

Seitdem ich die Entscheidung getroffen habe, Unternehmen zu unterstützen, der Trennungskultur ein menschliches Gesicht zu geben, hat sich mehr verändert, als ich mir vorher hätte vorstellen können: Stimmen aus Unternehmen berichten dankbar über gute Verabschiedungen, über deutlich mehr Motivation und Produktivität in ihren Teams und Gekündigte erzählen aufrecht und stolz von ihren neuen Jobs.

Wer weiß, dass er jederzeit gehen kann, der weiß auch, wann er bleiben will.

Wenn es Unternehmen zukünftig gelingt, mit einer menschlichen Trennungskultur eine Willkommenskultur zu erschaffen, die Mitarbeitende zu loyalen Fans ihres Unternehmens macht, dann sind Menschlichkeit und Wirtschaftlichkeit keine Gegensätze mehr. In einer Welt, die sich digital hypertransformiert, brauchen Top-Entscheider heute Antworten auf drängende Fragen von morgen:

- Wie boarde ich neue Mitarbeitende an, während ich gleichzeitig offboarde?
- Wie motiviere und binde ich meine verbleibenden Mitarbeitenden?
- Wie gestalte ich eine kraftvolle Zukunftsvision, die Glaubwürdigkeit, Fairness und Vertrauen zur neuen Erfolgswährung macht und wirtschaftlichen Antrieb befeuert?

Offboarding ist Onboarding. Offboarding ist das neue Employer Branding! Doch dafür brauchen Menschen das echte Gefühl, als Menschen gesehen und wertgeschätzt zu werden.

Und genau das ist eine Entscheidung.

Eine Zukunftsentscheidung.
Für Unternehmen.

Und dafür trete ich an.

Corinna Spaeth

Erkennen ist krasser als Tun!

Jan Schmiedel

Ich möchte eine Geschichte aus dem Jahr 2016 erzählen. Von meinem Leben und davon, wo ich wortwörtlich lag.

Ich lag nämlich in meiner Badewanne. Sie war hart, sie war klinisch weiß und sie war kalt. Links neben mir lag eine Packung mit Schlaftabletten, die mir gegen meine Schlaflosigkeit verschrieben worden waren. Nicht so eine kleine, sondern eine richtig große Packung, denn ich hatte das gesamte letzte Jahr in jeder Nacht nur eine Stunde geschlafen. Und dann lag da noch diese eine Rasierklinge. Die hatte ich mir zwei Stunden vorher gekauft.

>> *Deine Gedanken werden zu deiner Wirklichkeit!* <<

Rechts von mir stand eine wirklich gute Flasche Whisky, die für die besonderen Momente im Leben, der gute Stoff aus Schottland. Aus der hatte ich schon ein bisschen getrunken. Ja, ich lag dort und überlegte: »Was machst du hier?

Liege ich hier jetzt nur Probe?

Oder ist es doch die Premiere? Meine endgültige Premiere? Warum liege ich hier?« Und alles, was in 2016 auf mich zukam oder zugekommen war, ging mir durch den Kopf. Ich hatte ganz frisch die Diagnose, dass ich seit meiner Kindheit eine Depression hatte. Jetzt war mir auch klar geworden, warum ich so viele Jahrzehnte keine Freude erlebt hatte, nur graue und negative Gedanken meinen Geist beherrschten. Ich hatte zusätzlich eine Thrombose im Arm und

Zahnschmerzen. Mir mussten Zähne gezogen werden, und das mit blutverdünnenden Mitteln im Körper.

Das war eine super Nachricht.

Mir war klar, wie es dazu gekommen war, ich war ein verbogener Mann.

Ich habe immer versucht, es allen recht zu machen. Ich habe immer ja gesagt zu allem, was man mir gesagt hat. Ich habe studiert, weil ich Steuerberater werden sollte, mich so angezogen und frisiert, wie alle es von mir verlangt haben.

Ich habe immer meine Bedürfnisse und Träume unterdrückt und mir die Argumente der anderen schöngeredet, denn diese anderen wollten ja nur Gutes für mich.

Wer war ich eigentlich? Was wollte ich?

Und plötzlich schoss mir durch den Kopf: »Ich will leben, ich will verdammt noch mal leben!«

Dazu braucht es Mut. Tief in mir wusste ich, der kommt nicht irgendwie in dein Leben, der Mut ist schon da. Ich habe ihn mir genommen, bin aus der Wanne gestiegen und habe mein Leben angenommen.

Heute kann ich sagen: Ich mache seit Ende 2016 meinen Podcast mit heute über 500 Folgen.

Ich bin selbstständig, habe die Wirtschaftskrise überstanden mit der Depression, die in mir lebt. Habe gerade ein wunderbares Projekt, das ich mit Christian Holzhausen mache, in die Welt geschickt, um Menschen zu vernetzen, zu inspirieren, Mut zu geben, auch gerade in diesen Zeiten.

Ich lebe natürlich noch mit dieser Depression. Ich kann auch nicht sagen: »Ich bin am Ende des Weges oder der Super-Erfolgreiche.«

Ich stehe auch nicht auf Bühnen. Ich kann nur sagen, ich habe Mut und ich lebe auch mit meinem Einsamkeitsgefühl. Doch eins weiß ich und das ist mir klar geworden: Deine Gedanken werden zu deiner Wirklichkeit, und deswegen treffe ich jeden Morgen, wenn ich aufstehe, die Entscheidung: Ich will leben!

Dieses tiefe Wissen lässt mich mein Leben angehen und mich meinen Zielen Schritt für Schritt annähern.

Und das wollte ich euch mitgeben.

Lieber Pest oder Cholera?

Heinz-Werner Kopp

Kennst du das? Manchmal müssen wir eine Entscheidung treffen und haben nur zwei Optionen.

Und wenn beide schlecht oder vielleicht sogar tödlich sind, dann fällt die Entscheidung wirklich schwer, oder?

Wann musstest du dich zum letzten Mal zwischen Cholera und Pest entscheiden? Wobei Cholera und Pest ja heutzutage nur noch Synonyme sind. Platzhalter sozusagen. Da kann jeder einsetzten, was auch immer er als negativ erachtet. Ich setzte mal für Pest den Erfolg und für Cholera die Sinnhaftigkeit dessen, was wir tun, kurz den »Sinn« ein.

»Stopp!«, wird jetzt der ein oder andere sagen, »das sind doch beides positive Worte!« Ja, die mögen in einigen Fällen positiv sein, ich behaupte aber, dass sie auch durchaus tödlich sein können.

>)) *Dem Erfolg ein wenig mehr Sinn geben und dem Sinn ein wenig mehr Erfolg!* ((

Nehmen wir mal Chester Bennington – Sänger der erfolgreichsten Band des 21. Jahrhunderts ‚Linkin Park. 2017 nahm er sich das Leben an der Spitze des Erfolges. Mike Shinoda, sein Bandkollege, sagte in einem Interview »Chester hat durch den ganzen Erfolg vergessen, warum er eigentlich Musik macht.« Er hat also den Sinn dessen, was er tut, vergessen.

Auf der anderen Seite gibt es Menschen, die rein ihrer Bestimmung folgen, aber nicht erfolgreich sind, zumindest nicht zu Lebzeiten.

Denken wir nur mal an die Maler Rembrandt oder Vincent van Gogh. Beide geniale Maler, aber in Armut gestorben. Also Sinnhaftigkeit ohne Erfolg.

Wir sollten uns also gut überlegen, wenn wir zwischen Erfolg und Sinn entscheiden müssen, ob wir uns wirklich für Schwarz oder Weiß entscheiden oder einen dritten Weg kreieren sollten, den wir z. B. Grau nennen. Dem Erfolg ein wenig mehr Sinn geben und dem Sinn ein wenig mehr Erfolg.

Im Unternehmertum würde ich mir ein wenig mehr diesen »grauen Wegen« wünschen. Dann würde es vielen Menschen besser gehen. Ich nenne das eine wertschätzende Unternehmenskultur.

Also weniger Cholera *und* weniger Pest.

Entscheide du selbst, aber bedenke: Es geht dabei oftmals nicht allein um deine »Gesundheit«.

Kapitel 7

VON DER KONSEQUENZ
ODER:
WARUM MANCHE ENTSCHEIDUNGEN
UNWIDERRUFLICH SIND

Glaub an dich. Du kannst das.

Soye Luna Gerstenberg

Es gibt doch manchmal diese Punkte im Leben, wo man denkt: Ich will es schaffen und doch fehlt einem manchmal die Energie, das Selbst-Vertrauen oder die Kraft. Bei mir war es so beim Schwimmkurs. Ich war unter Wasser und hatte es bis zum Ziel keine acht Meter mehr weit, aber meine Luft reichte nicht mehr aus und ich konnte unter Wasser keine Luft holen. Aber wenn ich vorher genug Luft hole, Kraft habe und bis zum Ende schwimme, bekomme ich ja das Silber-Abzeichen. Ich fühlte mich in diesem Kurs unsicher, gehetzt statt ruhig und hatte für die Prüfung wenig Selbst-Vertrauen. Ich hatte drei Versuche und schaffte es nicht. Also habe ich die Entscheidung getroffen, weiterzumachen.

>> *Wenn ihr weitermacht, erreicht ihr ganz natürlich euer Ziel. Also bitte gebt nicht auf!* ((

Ich nahm an einem anderen, zweiten Kurs teil. Ich baute mir für die Prüfung Selbst-Vertrauen auf und holte mir dafür viel Energie. Ich bin ruhig geblieben, habe mir selbst vertraut und alles andere vergessen. Ich war sehr erleichtert, dass es im zweiten Anlauf funktioniert hat. Ich war richtig glücklich darüber, dass ich dieses Silber-Abzeichen bekommen habe. Denn man muss oft Dinge im Leben schaffen, die unvorstellbar scheinen und nur vorstellbar sind, wenn man Selbst-Vertrauen hat.

Wenn man auch denkt, dass man nicht weiter kommt, kann man trotzdem weiter machen und es irgendwie schaffen.

- Man erreicht seine Ziele im Leben, wenn man das Selbst-Vertrauen in sich selbst aufbaut.
- Man muss an sich glauben, um sein Ziel zu erreichen.
- Man muss an sich glauben, um das zu schaffen, was einem wichtig ist.
- Macht kommt von Machen.

Mein Problem war, dass ich keine Luft mehr holen konnte. Andere Menschen haben andere Probleme und manche kommen da nicht heraus, z. B. haben sie vielleicht kein Geld. Ich konnte unter Wasser keine Luft mehr holen, also war meine Lösung für mein Problem, vorher noch mehr Luft zu holen. Auf andere Menschen übertragen bedeutet das, sie müssen einen Weg finden, um aus ihrem Problem herauszukommen. Wenn sie z. B. kein Geld haben, sich dann als Lösung ein Business aufzubauen, konkrete Schritte umzusetzen und so Geld zu machen. Wenn man an sich glaubt, dann kann man auch vom Problem in die Lösung kommen. Das Abzeichen steht dafür, dass man den Weg geschafft hat und an seinem Ziel ist. So wie ich mehr Luft geholt habe, um bis zum Ziel zu schwimmen, ist für andere vielleicht die Lösung, mehr Kraft zu holen oder mehr Energie zu holen, um konkrete Schritte bis zum Erfolg umzusetzen.

Wenn ihr auch um Luft ringt, um eure Ziele zu erreichen, macht einfach weiter. Und ihr schafft das.

Wenn ihr weitermacht, erreicht ihr ganz natürlich euer Ziel. Also bitte gebt nicht auf.

Weitermachen ist wichtig, um sein Ziel zu erreichen. Bitte gebt niemals auf. Und wenn ihr eure Schritte gegangen seid und es geschafft habt, dann habt ihr euren eigenen Sieg errungen.

Eure Soye Luna Gerstenberg

#SoyeLuna

Entscheidungen musst du fühlen

Sandra Echemendia

Es war soweit. Der Applaus brandete bei meiner Anmoderation auf und ich ging auf die Bühne. Ich genoss den lang ersehnten Augenblick. Und die Scheinwerfer, sie strahlten mit mir um die Wette, ich holte Luft und begann mit meiner Keynote.

»Ich bin mir sicher, dass 90 Prozent der im Saal Sitzenden überhaupt keinen Plan haben, wer ich – Sandra Echemendia – eigentlich bin. Was macht also eine Frau auf einer Bühne, auf der direkt vorher bekannte Größen wie Jochen Schweizer, Elmar Rassi und Yvonne de Bark gesprochen haben?« Es herrschte totale Stille im Raum, also wirklich Stille. Nicht einmal leise Gespräche waren zu hören, gar nichts. Ich traute mich nicht, nach links zu meinem Mentor zu schauen, der garantiert die Hände über dem Kopf zusammenschlug. Denn dieser Einstieg, der mir intuitiv fünf Minuten vorher eingefallen war, war risikoreich. Und mir ging auch ganz kurz durch den Kopf: »Bist du jetzt völlig irre geworden, oder wie soll das in deiner Vorstellung ausgehen?«

> »... stets ausnahmslos ich selbst zu sein!«

Wie das ausging? Dazu komme ich gleich. Warum ich diese Entscheidung traf?

Ganz einfach: Ich hatte bereits Monate zuvor eine ähnliche Entscheidung getroffen, nämlich stets ausnahmslos ich selbst zu sein, zu mir, zu meinen Werten, zu meiner Geschichte zu stehen. Kompromisslos. Also das, was ich auch immer von meinen Klienten und Führungskräften einforderte. Dazu gehörte auch die Entscheidung, mitten in einer der größten Krisen der Welt meinen sicheren, extrem lukrativen Job in der Geschäftsleitung eines tollen Unternehmens zu kündigen und selbst zu gründen.

Das bin ich: ein bisschen irre und einfach anders. Und ich habe mir geschworen, auf Gefühl und Intuition zu hören. Und am Ende macht mich das ja auch erfolgreich. Genau deswegen war ich auch in dem Moment meiner Keynote einfach nur konsequent. Meine Intuition sagte mir: »Du musst anders sein, du bist schließlich anders. Du musst ehrlich sein.« Vor mir waren wirklich unglaublich erfolgreiche und erfahrene Speaker auf der Bühne. Millionenschwere Unternehmer standen dort, und dann kam ich. Und ich WAR anders. Ich habe auch etwas völlig anderes zu geben, das war mir klar. Also habe ich mir gesagt: »Sandra, sei mutig. Sei gefälligst du, sei ehrlich und zeig, was dich ausmacht.«

Gut, vielleicht hätte ich die Entscheidung jetzt nicht erst 5 Minuten vorher treffen sollen, aber so bin ich nun mal. Und ja, ich legte meine Maske ab. Ich sprach über Erfolg und Misserfolg, warum und wie ich erfolgreich wurde und ich Angst und Intuition voneinander unterscheiden lernte. Wie es ausging? Ich sag' mal so: Von ungefähr 300 Leuten ist einer während der Rede aufgestanden. Der fand das, glaube ich, ziemlich schlecht. Es war zu viel Emotion und es war eben anders. Aber abgesehen davon gab es Standing Ovations – das erste Mal auf diesem Summit. Und genau das bestätigte mich in meiner Entscheidung, immer ich selbst sein zu dürfen.

Du bestimmst den Kurs

Heiko Stahnke

Ich treffe jeden Tag die wichtigste Entscheidung meines Lebens. Und die wichtigste Entscheidung für mich lautet, das Steuerrad meines Lebens in die Hand zu nehmen und damit der Schöpfer meines Lebens zu sein. Für den Fall, dass du dich nun fragst, was ich damit meine, dann lade ich dich ein, einfach mal kurz die Augen zu schließen.

Stell dir vor, du bist auf einer wunderschönen großen Segeljacht, die Sonne scheint und du spürst ihre wärmende Kraft auf deiner Haut, der Himmel ist blau, der Wind fährt dir durch dein Haar und du hörst das leichte Rauschen des Meeres. Du nimmst das herrliche Teakholz auf der Jacht wahr und bist berauscht von der ausgelassenen Stimmung der Menschen an Bord. Du spürst den Lifestyle und den Erfolg, der dich hier umgibt. Doch du bist nur ein Passagier auf dieser wunderschönen Segeljacht.

>> *Habe ich das Steuerrad meines Lebens wirklich in der Hand?* <<

Dies ist ein Sinnbild dafür, dass du im Außen erfolgreich und angesehen bist. Du hast vielleicht einen Kurs eingeschlagen, der da lautet: »Höher, schneller, weiter!« Ich kenne diesen Kurs sehr gut, denn ich habe ihn lange Jahre verfolgt. Doch ich habe dabei immer gespürt, dass mir etwas fehlt. In mir war eine unbeschreibliche Leere. Dabei lief, von außen betrachtet, alles perfekt in meinem Leben. Mir waren allerdings der Spaß und die Freude an meinen Erfolgen abhandengekommen. Dazu gesellten sich noch zig Allergien, Hautprobleme und andere Beschwerden, die mir die Freude vermiesten.

Doch auch als Passagier hast du immer die Wahl, so wie ich sie auch hatte. Du kannst zu jedem Zeitpunkt aufstehen und an das Steuerrad gehen und von jetzt auf gleich der Kapitän dieser Segeljacht werden. Du kannst dein eigener Skipper sein und hast den gleichen Lifestyle, den ich eben beschrieben habe, um dich herum. Da sind die gleichen Leute, der gleiche Erfolg, dieselbe Sonne, das Wasser, die berauschende Stimmung, alles ist da genau wie vorher. Doch mit einem entscheidenden Unterschied: Du hast das Steuerrad in der Hand. Es ist dein Boot, es ist dein Leben und du steuerst es, du entscheidest, wo es hingeht.

Es macht einen enormen Unterschied, ob du nur auf einer Jacht mitfährst und danach deinen Freunden sagen kannst: »Hey, auf dieser Jacht bin ich zwei, drei Stunden unterwegs gewesen und es war ein genialer Ausflug.« Oder ob du sagst: »Das ist meine Jacht, das ist mein Leben und ich habe das Steuerrad in der Hand.« Du kannst also jeden Weg einschlagen. Dabei muss nicht immer die Sonne scheinen, doch du spürst in jeder Faser deines Körpers, dass es dein Weg ist, den du gehst.

Von dem Moment an, an dem ich die Entscheidung getroffen hatte, das Steuerrad meines Lebens bewusst in die Hand zu nehmen, sind auch wieder Spaß und Freude in mein Leben zurückgekehrt. Darüber hinaus bin ich viel gesünder, erfolgreicher und ausgeglichener. Alle Krankheiten sind weg und mir geht es besser denn je. In allen Lebensbereichen habe ich die Verantwortung übernommen und sage nun: »Ich bin der Schöpfer meines Lebens.« Dabei hat es simpel angefangen, denn mir schwirrten zwei Fragen im Kopf herum. Sie lauteten: »Wer bestimmt über mein Leben?« und »Habe ich das Steuerrad meines Lebens wirklich in der Hand?« Wie lauten deine Antworten auf diese Fragen?

Zwölf Winter in Kalifornien

Astrid Kohlwes

»Dann musst du zu Ananda nach Santa Barbara«, sagte meine Schwester. Nach Santa Barbara, Kalifornien, für ein Aufnahmegespräch bei Ananda Zaren, der Koryphäe der klassischen Homöopathie – in Ordnung… Obwohl ich alles andere probiert hatte, war es jedoch kein verzweifelter letzter Versuch. Vielmehr gab es für mein Problem schlicht keine bessere Ansprechpartnerin.

Was war passiert?

Mit ca. dreißig Jahren entwickelte ich ein massives Hautleiden. Das ging irgendwann so weit, dass ich mit Handschuhen voller Salbe zu Bett gehen musste. Weil meine Hände trotzdem dermaßen aufgerissen und blutig waren, war ich kaum noch in der Lage, Golf zu spielen. Meine Augenlider waren damals entweder stark angeschwollen oder komplett verkrustet. Ein Teufelskreis, denn die Schwellung führte dazu, dass sie aufplatzten und die daraus resultierende Verkrustung ließ sie erneut anschwellen. Ich war zu jener Zeit definitiv keine Augenweide und entsprechend mies fühlte ich mich auch.

Konsultierte ich die Schulmedizin, lautete die Vermutung Mal um Mal Neurodermitis. Mir wurde immer wieder eine Behandlung mit Kortison-Produkten nahegelegt, was ich aber vehement ablehnte. Eines Tages versuchte ich es dann mit der klassischen Homöopathie – mit überschaubarem Erfolg. Auf jeweils mehrere Wochen des Wartens, Hoffens und Bangens folgten zwei Fehlvermutungen.

> *Ich bin mehr als dankbar, diesen Weg gewählt zu haben!*

Meine Schwester, selbst Homöopathin und mit Ananda bekannt, sprach daraufhin den eingangs erwähnten, ungemein bedeutenden Satz. So vereinbarte ich einen Termin in Santa Barbara.

Diese Entscheidung hat mein Leben verändert. Ananda Zaren war eine kleine, weise Frau mit funkelnden, warmen Augen. Bereits nach kurzer Zeit war ich mir sicher, dass sie die passende Arznei kannte – und tatsächlich: Zum Ende der Stunde überreichte sie mir einen Zettel mit dem Namen meines Mittels. Das ist keineswegs üblich, doch sie war vollkommen von ihrer Empfehlung überzeugt.

Zurück daheim begann ich, das Mittel einzunehmen. Einige Wochen später führten wir ein Telefonat. Die Medizin wirkte und der Zustand meiner Haut besserte sich merklich. Das war auch der Beginn meiner Persönlichkeitsentwicklung. Ananda verstand ihren Auftrag damit als erfüllt und wollte mich als Patientin entlassen. Sie sah keine Möglichkeit der Betreuung über eine solche Distanz. Ich hingegen entschied umgehend, ihre Patientin zu bleiben. Ganz egal, wie oft sie es für nötig halten sollte, ich würde die Strapazen der Reise auf mich nehmen und immer wieder in Santa Barbara aufschlagen – das versicherte ich ihr.

Zwölf Jahre lang, bis zu ihrem Tod, bin ich jeden Winter nach Kalifornien geflogen. Zusätzlich haben wir uns in den Sommermonaten einige Male in Europa getroffen, wo immer sie ihre diversen Vorträge auch hielt. Ich bin mehr als dankbar, diesen Weg gewählt zu haben. Einen Weg, auf dem ich neben einer großen auch eine Menge kleiner Entscheidungen getroffen habe. Und wisst ihr, was das Beste ist? Keine einzige dieser Entscheidungen habe ich jemals bereut – nicht für einen Augenblick.

Kapitel 8

WAS UNS AUF REISE UND FLUCHT BIS NACH HAUSE BEGLEITET: SPRACHE UND ERINNERUNG, SEELE UND KULTUR

Eigenverantwortung rettet Menschenleben und entlastet das Gesundheitssystem

Isabell Huber

Entscheidung –
für mich bedeutet Entscheidung ein Wechselspiel aus
Du bist ich. Ich bin du. Du bist du. Ich bin ich.

Zurück in einen entscheidenden Lebensmoment, 2010. Ein kalter, verregneter Dienstag im Februar. Stell dir vor, du liegst im Bett, öffnest jetzt deine Augen und starrst geradeaus auf eine weiße Wand. Rechts von dir Fensterfront, ein Fenster gekippt. Ein eiskalter Luftzug berührt deine Haut. Du bist drauf und dran aufzustehen. Doch dein bleischwerer Körper lähmt dich. Des-

>> *Pflege deine Gesundheit, das rettet Menschenleben!* <<

halb beschließt du, den roten Knopf in deiner rechten Hand fest zu drücken. Stille – nichts passiert. Das Einzige, was du siehst, sind Schläuche – rechts und links von dir. Das Einzige, was du in deinem Körper wahrnimmst, ist dieses Wechselspiel aus Hitze und Eiseskälte.

Wieder drückst du diesen roten Knopf. Eine Stunde später, vielleicht auch mehr – gefühlt vergehen Jahrzehnte, bis dein SOS irgendjemand hört – reißt eine Frau mit weißem Sakko und kurzen grauen Haaren die Tür auf und steht mit entschlossenem Blick und geballten Fäusten vor dir. Eure Blicke treffen sich. Genau in diesem Moment schreit sie dich mit der Kraft eines Vulkans an: »Ja bitte?!« Du hast deine ganze Hoffnung und Sehnsucht in diese Frau gelegt. Hilflos, wie gefangen im Körper, steht die Erde für dich still.

Das damals war ich in meinem 18. Lebensjahr. Der fünfte postoperative Tag nach der mechanischen Wiederherstellungskorrektur »Trippelosteotomie« bei der Diagnose Hüftfehlstellung. Dreimal wurde mein Becken durchsägt, damit der Hüftkopf wieder in die Hüftpfanne eingeschoben werden konnte. Mit 40 Grad Fieber und einem Eisenwert von 6,0 im Blut – jenseits von Normwerten für einen stabilen Kreislauf –, konnte und durfte ich körperlich nicht alleine aufstehen.

Heute bin ich dieser Pflegefachkraft unfassbar dankbar. Sie hat mich in meinem zweiten Lehrjahr zur Alten-, Gesundheits- und Krankenpflegerin als Patientin selbst erfahren lassen, wie es sich anfühlt, von emotional und mental ausgepowerten Pflegekräften versorgt zu werden. Mit der Erkenntnis: Pflege deine Gesundheit, das rettet Menschenleben. Denn wenn schwächere Menschen deine Hilfe brauchen, geht es nicht um dich! Sei vorbereitet und übernehme Verantwortung! Heute schaue ich als Trainerin und Speakerin für Careleaders auf mehr als 16 Jahre Pflegefach-, Ausbildungs- und Führungskrafterfahrung zurück.

Mit der Quintessenz: Wir können das kaputtgewirtschaftete Pflegesystem nicht von heute auf morgen verändern, doch selbstdiszipliniert an unserem eigenen Selbstbild und an der inneren Wirklichkeit arbeiten. Damit uns im Jahr 2030 nicht eine halbe Million Pflegefachkräfte in Deutschland fehlen, müssen wir eine wahrhaftige Pflege in Liebe und Reichtum begrüßen, in die du dich sicher und geborgen in schwachen Zeiten fallenlassen kannst. Hierfür braucht es jeden einzelnen Bürger! – Auch dich! Deine Eigenverantwortung für eine bewusste innere Haltung entlastet das Pflegesystem und Pflegende – jeden Tag!

Danke für dich und deine Vorsorge!

Überwinde die Grenzen deiner Sprache und du überwindest die Grenzen deiner Welt

Carola Briese

Ich bin Carola Briese und das ist meine Geschichte. Sie beginnt in einem kleinen Dorf im Nordosten Deutschlands, das so klein und so voller Natur ist, dass sich die Erinnerung an den entscheidenden historischen Moment deutscher Wiedervereinigung nur auf einen einzigen Augenblick beschränkt: die Auflösung des kleinen rosa Sparschweins, damit die Aluminium-Münzen nicht zu Spielgeld werden.

> *...mit Menschen, die in entfernten Ländern aufgewachsen sind, Humor zu teilen!*

Eingeschult unmittelbar nach der Wende, hatte ich nach den ersten Jahren das Glück, zwei neue Sprachen zu lernen: Bei Englisch und Französisch konnten die Eltern die Hausaufgaben nicht kontrollieren. Im Gegenteil, da konnten sie dann mal was von mir lernen. 😉 Ich erinnere mich noch gut an den Moment, als mir klar wurde, dass sich auch Witze übersetzen lassen. Das muss nach dem ersten Jahr Englisch gewesen sein. Es hat mich begeistert, dass es möglich ist, mit Menschen, die in entfernten Ländern aufgewachsen sind, Humor zu teilen.

Früh habe ich mir eine internationale Zukunft für mich gewünscht, und so ging es in Richtung Philologiestudium pur. Meine Eltern ließen mich laufen mit meinem abstrakten Studienwunsch und versuchten nicht, mir einen anderen Weg einzureden. Sie hatten sich selbst durch einige Weiterbildungen in neue Jobs manövrieren müssen. Mehr als ihr Vertrauen, dass ich schon den richtigen Weg finden würde, gab es nicht, und es war genau das, was ich brauchte. Viele meiner Freunde starteten in die Welt mit den gut gemeinten Ratschlägen der Eltern für sichere Karrierewege und mit gut finanziertem Studentenleben. Mein Start dagegen hieß Wohnheim, Studienkredit und Nebenjobs. Etwas wenig Freizeit, aber dafür viel zu lernen.

Das Interesse an anderen Kulturen katapultierte mich im Studium und bei ersten Arbeitserfahrungen von Potsdam und Berlin nach Paris und London – und mündete sogar in einer Promotion zum Thema »Verhandlung und Vermarktung von Ethnizität in britischen Debütromanen«. Da die akademische Welt jedoch wenig attraktive Wege in Aussicht stellt, ging es Vollzeit in den Arbeitsmarkt.

Mich haben dort immer diejenigen Kommentare irritiert, die meinten: Andere Sprachen zu kennen ist ja gut und schön, aber es braucht doch bitte einen Wissensschwerpunkt. Bedrückt von der Wahrnehmung anderer, stellte sich besonders am Anfang meiner Arbeitserfahrungen immer wieder ein Gefühl des Nichts-Könnens ein, unpassend für den Arbeitsmarkt zu sein. Sehr schräg. Mit der Zeit habe ich dieses Gefühl abgeschüttelt und gelernt: Wenn ich mich inhaltlich oder fachlich nicht einschränke, nur dann komme ich weiter und nur dann kann ich wirken mit meinen Kompetenzen und Talenten. Dank meiner Entscheidung für eine möglichst große Offenheit im Arbeitsmarkt gewinne ich viele spannende Einblicke in wichtige Themen und lerne von unterschiedlichsten Menschen.

Wie weit darfst du gehen?

Jaewoo Hyun

»Ausländer müssen immer eine Stunde früher aufstehen als Deutsche, sonst kann jeder Ausländer mit einem Deutschen ersetzt werden. Merk dir das! Sei fleißiger, schlauer und vorausschauender als Deutsche. Das ist nicht unser Land. Wir sind nur Gäste, die hier leben dürfen«, waren die Worte meines Vaters.

Meine Mutter war Krankenschwester in der Nachtschicht und hatte nur vormittags Zeit zum Schlafen. Das musste reichen, um am frühen Nachmittag wieder fit zu sein. Was mein Vater machte, wusste ich zuerst nicht. Aber als ich in der 7. Klasse fast sitzengeblieben bin, musste ich auf Anweisung meines Vaters (mit 14 Jahren) im Sommer das erste Mal die Kiesgrube besuchen. Der Grund: Ich sollte selbst erfahren, wie schwer es ist, auf dem Bau zu arbeiten, wenn man keine andere Wahl hat.

Mit einem Blaumann musste ich, genau wie mein Vater, mindestens 10 Stunden am Tag im heißen Sommer in der Kiesgrube bei ca. 35 Grad Celsius ohne Schatten arbeiten. Da ich nicht wie mein Vater Radlader fahren konnte, musste ich in der Hitze den ganzen Tag die Maschinen von Sandbergen mit der Schüppe befreien, die von den großen Radladern bei jeder Ladung daneben verschüttet wurden. Auch als damaliger Leistungsschwimmer wurde mir mehrmals am Tag schwindelig. Meine Mutter hat immer am Vorabend eine Wasserflasche in den Eisschrank gelegt, die am nächsten Morgen mit einem Handtuch umwickelt bei Temperaturen über 35 Grad den ganzen Tag kaltes Wasser spendete.

KIESGRUBE IN MÖNCHENGLADBACH

Marcel war nur 2 Jahre älter und mit 16 Jahren somit offiziell arbeitsfähig. Er arbeitete im Büro und hat mit meinem Vater immer in gebrochenem Deutsch gesprochen, damit mein Vater ihn auch verstand. Er wurde nach dem berühmten koreanischen Fußballer Bum-Kun Cha (kurz Chabum) genannt, weil es für alle einfacher war, als sich Young-Sam zu merken. »Chabum! Wie war Wochenende? Nix viel getrunken? Oder doch viel Spaß?« Da mein Vater in dieser Weise angesprochen wurde und auch in dieser Form antwortete, war es der Alltag und ist auch nicht böse gemeint gewesen von seinen Kollegen. Es war gängige Kommunikation.

> *Natürlich hast du eine Chance. Jeder hat dieselben Chancen!*

Als Marcel aber für alle Pizza bestellte, weil der Chef einen ausgegeben hatte, musste ich dankend ablehnen mit den Worten: »Das geht leider nicht. Mein Vater hat mich gebeten, dass wir schnell nach Hause fahren, um mit Mama und meinen Geschwistern zusammen zu essen.« Marcel hat mich mit großen Augen angeschaut und sich gewundert, dass mein Vater auch solch komplexe Sätze sagen kann. Da wurde mir klar, dass dieses gebrochene Deutsch unterbewusst auch dazu führte, dass die Intelligenz meines Vaters unterschätzt wurde. Das war ein sehr einprägsames Erlebnis, das ich bis heute nicht vergessen habe. Wie sehr mussten die

Kollegen wohl denken, dass mein Vater dumm sei. Dabei war er in der koreanischen Gesellschaft einer der angesehensten und charismatischsten Leader. Diese Vorgeschichte ist wichtig, damit klar wird, in welchem Umfeld ich aufgewachsen bin. Unsichtbare Limitierungen. Ein heranwachsendes Migrationskind in einer Welt voller Vorurteile und Einschränkungen, ohne eine Chance, daraus auszubrechen. Eigentlich hat jeder die Chance, eine Entscheidung zu treffen, die diese unsichtbaren Hürden brechen kann. Voraussetzung ist jedoch, dass man diese erkennt. Das war das große, unwissende Problem, das ich als Migrationskind hatte. Bis ich mich für einen Ausbildungsplatz bewarb. Bei der nächstbesten Firma nebenan, in der Hoffnung, dass ich als Ausländer auch genommen würde. Schließlich würden sich auch Deutsche bewerben.

Auf die Frage hin, wieso ich mich bei »Pfefferminz GmbH« (falscher Name) beworben hatte, antwortete ich, dass es in der Nähe sei. Als ich gefragt wurde, wieso ich mich für die Ausbildung als Fachinformatiker nicht bei den großen Firmen beworben hatte (wie beispielsweise Deutsche Telekom, Vodafone etc.), stellte ich eine (für mich damals sehr logische und wichtige) Gegenfrage:

»DARF ICH DAS DENN (als Ausländer)?«

Das war der entscheidende Moment. Der Wendepunkt, um aus der Limitierung auszubrechen. Ich wurde belehrt: »Junge, du darfst alles, was dir in den Sinn kommt. Wer soll dich denn stoppen? Natürlich hast du eine Chance. Jeder hat dieselben Chancen. Egal ob Ausländer oder Deutscher.« Dieser damalige Moment war ein Moment in meinem Leben, der mir gezeigt hat, dass ich umdenken musste. Sonst würde ich in dem Aquarium bleiben und anderen nur zuschauen. Aus meiner damaligen Perspektive musste ich mir überlegen, wie ich aus dem Aquarium rauskomme. Und das hieß für mich GRÖSSENWAHNSINNIG zu denken. Träumen zu dürfen. Je verrückter, desto besser.

Ich tat, was mein Freund und Mentor mir geraten hatte: Ich habe mich also bei der Deutschen Telekom beworben und wurde »nur«

auf die Warteliste genommen, weil ich zu dominant war. Nachdem ich es also nicht geschafft habe, war meine Frage: »War es ein Fehler, größenwahnsinnig zu denken?«

Es war nicht einfach, für einen Jungen wie mich, der ausschließlich Limitierungen gelebt und erlebt hatte, jetzt auszubrechen und fliegen zu wollen. Aber auch Jungvögel schaffen es vielleicht erst nach ein paar Anläufen. Danach fliegen sie jedoch wie Meister der Lüfte.

Das Fazit dieser Geschichte ist: Ich habe durch das Umdenken meinen Startknopf gefunden! Für jeden Menschen dieser Erde gibt es einen Startknopf, den man irgendwann für sich entdeckt oder entdecken sollte. Und danach? Kann man sich dann zurücklehnen? Nein! Dann fängt die eigentliche Reise erst an. Aber diese Reise kann man erst beginnen, wenn man den richtigen Startknopf gefunden hat. Und für mich war es: Bitte überschätze dich. Du wächst schon rein! Und ich möchte jedem anderen raten, es auszuprobieren.

Daher ist die Frage nicht: »Wie weit DARFST du gehen?«

Die Frage lautet: »Wie weit MÖCHTEST du gehen, ... wenn du wüsstest, dass du es garantiert schaffen wirst.«

Lebe dein Leben ganz nach dem Zitat von Les Brown:

»Shoot for the moon. Even if you miss, you'll land among the stars.«

JAEWOO HYUN · 14 JAHRE ALT

Du kannst Fremdentscheidungen zur Eigenentscheidung umwandeln

Hasti Clausen

Ich bin 13 Jahre alt und komme gerade aus dem Wohnzimmer. Die Sonne scheint, ich kann durchs Fenster die ganze Stadt Teheran sehen und freue mich, dass es einfach ein schönes Leben ist.

Plötzlich klingelt es an der Tür und mein Großvater und mein Onkel kommen durch die Tür. Mein Vater begrüßt sie. Ich sage Hallo, sie verschwinden. Und nachdem sie dann im Büro sind, vergeht eine Zeit. Sie kommen nach einer Weile wieder heraus und verabschieden sich. Das fühlt sich so komisch an. Plötzlich herrscht so eine komische Stimmung, als mein Vater aus heiterem Himmel sagt: »Wir wandern aus.«

》*...wie von einer Sekunde auf die andere taubstumm zu sein!*《

Die Entscheidung stand fest. Zwei Wochen später saß ich mit meinem fünf Jahre jüngeren Bruder in einem Flugzeug und wir landeten in Hamburg. In einem fremden Land zu sein, fühlt sich an, wie von einer Sekunde auf die andere taubstumm zu sein. Meine Tanten und Onkel haben sich liebevoll um uns gekümmert, meine Mutter kam drei Monate später nach und mein Vater noch ein Jahr später. Diese Entscheidung wurde für mich getroffen.

Ich habe mein Leben lang immer gegen meine Identität angekämpft, um mich zu integrieren. Ich habe mich angepasst, aber das war nicht meine Entscheidung. Das fühlte sich so fremdgesteuert an. Irgendwann, als ich auf die Vierzig zuging, habe ich gedacht, ich muss mein Leben in die Hand nehmen. Ich muss die Initiative ergreifen und ich muss doch mal meine eigene Entscheidung treffen. Dann bin ich in den Iran gereist, habe mir ganz viel Zeit genommen und mir alles angeguckt und habe für mich beschlossen: Hamburg ist mein Zuhause. Iran ist meine Heimat. Und dabei bleibe ich.

Als ich zwei Wochen mit Corona krank zu Hause in der Quarantäne bleiben musste, habe ich entschieden, dass ich nirgendwo anders lieber sein würde. Diese Entscheidung ist die Richtige. Eine Entscheidung – manchmal passiert es, dass einfach eine Entscheidung über uns hinweg getroffen wird, aber am Ende kommen wir dann doch noch dazu, selbst zu entscheiden und unser Leben in die Hand zu nehmen. Das wünsche ich jedem.

Kleine Entscheidungen, große Wunder

Heinz-Werner Kopp

In diesem Buch stehen viele wundervolle Geschichten über große Entscheidungen und noch größere Erfolge. Ich, Heinz-Werner Kopp, möchte heute mal über die kleinen Entscheidungen reden, die Entscheidungen, denen wir meist wenig Beachtung schenken. Aber gerade diese Entscheidungen sind oftmals genau die, die Großes bewirken und andere kleine Entscheidungen auslösen können.

Mal ein Beispiel:

Im März 2021 hatte ich in einem Gespräch eine kleine Entscheidung aus einem Gefühl heraus getroffen. Und zwar die Entscheidung, einen Impuls zu geben. Ich lud eine tolle Frau dazu ein, auf Clubhouse zu reden. Und zwar beim Speaker Slam Weltrekordversuch. Weil ich wusste, dass sie eine Botschaft hat, die in die Welt gehört. Was dann jedoch geschah, hätte ich mir niemals träumen lassen. Und es war auch nicht willentlich das Ergebnis meiner Entscheidung. Was ist also passiert?

> *Unterschätze also nie die Kraft der kleinen Entscheidungen!*

Ihre Tochter hatte spontan während der Veranstaltung die Entscheidung getroffen, der Welt etwas für sie sehr Wichtiges zu erzählen. Und zwar über Happy & Calm. »Sei glücklich und bleib ruhig«, sagte sie, und zwar immer dann, wenn es dir nicht so gut geht. Wow, was für eine Botschaft an uns Erwachsene von einem 8-jährigen Mädchen. Und in den zwei Minuten ihrer Rede brachte sie eine Magie in diesen Raum, die alle Zuhörer verzauberte. Alle Mikros gingen aus und es ertönte die erste Live-Standing-Ovation, die ich auf Clubhouse hörte. Denn sonst wird ja nur symbolisch mit der Mute-Taste geklatscht.

Sie gewann damit nicht nur den Slam und die Herzen der Zuhörer, sondern sie löste damit auch die nächste kleine spontane Entscheidung aus. Die Veranstalter luden sie kurzerhand in ihr Fernsehstudio ein und gaben ihr damit die Möglichkeit, ihre Botschaft in die Welt zu tragen. Die innigsten Träume eines Kindes gingen in diesen aufregenden Minuten in Erfüllung.

Unterschätze also nie die Kraft der kleinen Entscheidungen. Denn zur rechten Zeit können sie Berge versetzen, Lawinen ins Rollen bringen oder Träume erfüllen. Manchmal sogar alles zusammen. Und ich freue mich, wenn Soye Luna selbst noch viele kleine Entscheidungen trifft, Impulse in dieser Welt verbreitet und Lawinen ins Rollen bringt. Du findest auch ihren Beitrag in diesem Buch.

Viel Spaß bei deiner nächsten kleinen Entscheidung, die große Wunder auslöst.

Eine Lernreise der Entscheidungen

Steffen Becker

Wenn einer eine Reise tut, dann kann er was erleben. Das ist etwas, was wir immer wieder hören. Ich habe es erlebt und möchte kurz davon erzählen. Es ist der 20. Februar 2017. Ich treffe mich nachmittags mit einem Freund und erzähle ihm von einer Geschäftsidee. Er meint daraufhin zu mir: »Steffen, mach das doch anders, bau die Idee anders auf.« Das Ergebnis daraus war eine Weltreise. Eine Weltreise für Charity-Zwecke, die am Karfreitag 2017 ihr Ende fand. Eine Weltreise zu starten, die innerhalb von sieben Wochen durchgeplant und durchgeführt wird, ist wiederum etwas, das aus meiner Sicht heraus

» Wir treffen bis zu 20 000 Entscheidungen pro Tag, 95 Prozent davon sind völlig unbewusst! «

meine größte Entscheidung war. Denn sie hat mich komplett aus der Komfortzone geworfen. Zwei der Dinge, die ich dabei herausgefunden habe, sind folgende:

Ist dir bewusst, wie schnell der schnellste Mensch auf der Erde wirklich laufen kann? Ich habe es nachgerechnet. Es sind in der Spitze über 1700 Kilometer pro Stunde. Das habe ich herausgefunden, weil ich eine Reise getan habe. »Wie kann das sein?«, müsstet ihr wahrscheinlich fragen, dass jemand 1700 Kilometer schnell rennt. Nun es ist relativ einfach. Am Äquator, der bekanntlich mehr als 40 000 Kilometer Umfang hat. In 24 Stunden hat die Erde sich einmal gedreht. Dies bedeutet eine Geschwindigkeit der Erddrehung von 1667 km/h. Addiere ich den schnellsten Mann der Welt dazu und rennt er mit der Rotation der Erde, kommt er auf über 1700 Kilometer pro Stunde.

Das Zweite, was ich gelernt habe, war auf dem Weg zum Flughafen nach Berlin. Ein Freund, der mich hinfuhr, fragte, ob ich beispielsweise in Dubai das Taxi schon vorbestellt habe. Ich verneinte, und nach einigen anderen weiteren Informationen meinte er zu mir, ich könnte so etwas nicht ohne eine komplette Planung machen. Mein Learning daraus: Es muss nicht perfekt sein. Vertraue darauf, dass die Dinge klappen und du dein Ziel erreichst.

Ich konnte all das nur herausfinden, weil ich eine Entscheidung getroffen hatte. Die Entscheidung, zu sagen: »Wer einmal eine Reise tut.« Deswegen ist auch immer die Frage: Welche Entscheidungen triffst Du im Leben?

Wir treffen bis zu 20 000 Entscheidungen pro Tag, 95 Prozent davon sind völlig unbewusst. Die Frage, die wir uns stellen dürfen, ist also: Welche Entscheidung machen wir uns bewusst, was sind unsere unbewussten Erfolgsentscheidungen und was sind unsere unbewussten Erfolgsroutinen? Und genau DIES gilt es herauszufinden. Ich kann dir nur wünschen, dass es dir genauso gelingt, wie ich vieles durch meine Reise gelernt habe. Denn wer eine Reise macht, der kann etwas erleben, der kann etwas lernen, der hat Entscheidungen zu fällen – und das Leben ist eine Reise.

Die Fünf-Uhr-Methode

Aster Neway

Es war 5:00 Uhr morgens in Berlin. Wie so oft in der Woche, klopfte mal wieder jemand kräftig an die Tür, gefolgt von einer starken, lauten Stimme mit der Aufforderung »POLIZEI! Bitte öffnen Sie die Tür!«. Die Anweisung dürfte inhaltlich so in der Art gewesen sein, denn zu der Zeit verstand ich die deutsche Sprache kaum.

Ich wohnte mit zwei Mädchen aus dem Iran in einem Flüchtlingsheim. Eines der beiden Mädchen sprang erschrocken aus ihrem Bett und eilte zur Tür, um die Polizisten hereinzulassen. Zwei Polizisten betraten unser kleines dunkles Zimmer. Mit einem kräftigen »Aufenthaltskontrolle!« forderten sie uns auf, unsere Aufenthaltsgenehmigungen vorzuzeigen. Ohne zu Zögern lief die eine Mitbewohnerin zu ihrem Bett zurück, zog ein Blatt Papier unter ihrem Kissen hervor und wandte sich an die beiden Herren. Sie kannte das Prozedere bereits, zumal sie schon seit über sechs Monaten in diesem Flüchtlingsheim wohnte. Die zweite Mitbewohnerin verharrte sitzend am Rand ihres Bettes und entnahm ebenfalls ein Stück Papier aus dem obersten Buch ihres Bücherstapels, den sie neben ihrem Bett aufgetürmt hatte. Die Polizisten warfen je einen geübten Blick auf die vorgezeigten Dokumente und bedankten sich.

Nun fielen alle Blicke erwartungsvoll auf mich.

Noch in meinem Bett liegend, bat ich die Polizisten freundlich, in zwei Stunden wieder zu kommen, mit dem Hinweis, dass meine

Aufenthaltsgenehmigung noch so lange, nämlich bis 7:00 Uhr, gültig sei. Ich wolle bitte bis dahin weiterschlafen. Die Polizeibeamten reagierten etwas verblüfft. Ich denke, sie wussten in dem Augenblick nicht, wie sie handeln sollten. Üblicherweise sind sie die »Entscheider« über das »Leben« eines Flüchtlings in derartigen Situationen. Dass ein Flüchtling selbst seine »Rechtslage« einschätzen konnte und über seine Bedürfnisse entschied, waren sie nicht gewohnt. Ich hörte nur, dass die beiden Herren sich eine Weile unterhielten, ohne den Inhalt zu verstehen, und dann unser Zimmer verließen.

)) Welche Entscheidung werde ich treffen? ((

Die unangekündigten nächtlichen Besuche verfolgten verschiedene Ziele. Zunächst sollte sichergestellt werden, dass die Flüchtlinge sich dort auch an dem Wohnort befinden, an dem sie angemeldet sind. Allerdings dienten sie auch der Vorbereitung einer reibungslosen Ausweisung in die jeweilige Heimat, sollte eine Aufenthaltsgenehmigung bereits abgelaufen sein. Jede der 5:00-Uhr-Kontrollen hatte eine meiner Mitbewohnerinnen jedes Mal in tiefste Verzweiflung gestürzt, obwohl sie eigentlich keinen Grund dafür hatte. Sie lebte schon seit über 9 Monaten in Deutschland, besaß sogar eine Aufenthaltsgenehmigung für ganze sechs Monate »SECHS MONATE!!« wiederholte ich staunend, als ich zum ersten Mal davon erfuhr. Für mich, die ALLE 24 STUNDEN ihre Aufenthaltsgenehmigung verlängern musste, war es ein nahezu unerreichbar scheinender »Status« – so etwas wie der pure LUXUS!

Jedenfalls machte ich mich pünktlich auf den Weg zur Ausländerbehörde, um meinen Aufenthaltsstatus, der genau um 7:00 Uhr ablaufen würde, um weitere 24 Stunden zu verlängern. Die kurze Fahrt dahin ist natürlich immer begleitet von der Frage: Was ist, wenn mein Aufenthalt heute nicht erneut verlängert wird? Welche Entscheidung werde ich treffen?

Entscheidung 3

Manuel Lojo

Wie viele Entscheidungen im Leben treffen wir nicht oder zu spät aus dem Gedanken heraus: »Was wäre, wenn?« »Was könnte passieren?« Ich gehe davon aus, dass jeder von euch mindestens einen dieser Gedanken schon einmal hatte. Zum Beispiel, wenn es um das Gründen einer Familie geht, dann heißt es oft: »Lass uns noch warten, bis der Kredit abbezahlt ist, bis ich meinen unbefristeten Vertrag bekomme oder bis unser Unternehmen auf sicheren Beinen steht.« Oft auch aus dem Gedanken heraus: »Ich bin noch jung und möchte meinen Spaß haben.«

Eines habe ich gelernt, dass es auch »mit Kind« weitergeht, und ich höre die Jugend sagen: »Ja, es geht weiter, aber mit welcher Qualität?« Ich muss sagen, die Qualität bleibt gleich oder steigt sogar. Natürlich ist es eine andere Art von Qualität. Denn auch ich habe damals, wenn es um das Urlaubsziel ging, immer geschaut, ob das Hotel eine Diskothek hatte! Wo können wir Party machen? Und dann war da der Gedanke: »Wenn wir jetzt ein Kind bekommen, dann ist das vorbei!« Dann werden wir nicht mehr in eine Diskothek gehen können, nicht mehr in diese tollen Hotels fahren und werden keinen Spaß mehr haben. Trotz allem wollten wir ein Kind und wussten natürlich, dass wir auch mit einem Kind Spaß haben konnten.

Doch in deinem Kopf ist erst einmal das Bekannte verankert, weil du nur das Leben als Paar kennst und das neue Leben als Familie

>> *Am Ende finden sich immer Lösungen und man wird kreativ aus der neuen Situation hervorgehen!* ‹‹

einfach noch nicht greifen kannst. Es schwingt immer die Angst vor dem Ungewissen mit, doch was ich jetzt weiß, ist, dass der Satz aus meiner Kindheit »Wo zwei satt werden, da werden auch drei satt« mehr als zutreffend ist. Wir stellen uns auf neue Situationen ein, wir finden Lösungen, und wenn es auch nur der Moment ist, in dem wir auf einmal mit voller Inbrunst nach Hotels schauen, um mit dem Kind in den Urlaub zu fahren und nicht mehr nach der Diskothek schauen, weil die uns dann auch gar nicht mehr so interessiert. Plötzlich ist vorrangig, dass es dem Kind gut geht und man gemeinsam Spaß hat, dass es einen Spielplatz gibt, dass das Hotel am Strand liegt, ein Kinderprogramm angeboten wird und wie viel Freude das uns als Familie bereiten wird.

Denn wenn man seinem Kind dann in die Augen sieht oder sieht, was man trotz der Zweifel erreicht hat, dann weiß man, dass es die richtige Entscheidung war. Auch in Situationen wie »Soll ich das Haus kaufen, auch wenn ich noch nicht den festen Job habe?« Am Ende finden sich immer Lösungen und man wird kreativ aus der neuen Situation hervorgehen. Wir müssen es wagen, Entscheidungen zu treffen, denn am Ende bereuen wir immer die Entscheidungen, die wir nicht getroffen haben und nicht umgekehrt. Denn die, die wir bewusst treffen, haben wir immer in der Hand und können diese zu unseren Gunsten beeinflussen, damit sie zu den Erfolgen unseres Lebens werden.

Warum es sich lohnt
sein Eigenheim zu pflegen

Isabell Huber

Ich behaupte, dass nicht nur die Pandemie, sondern auch Gewalt im Alter ein entscheidender Indikator dafür ist, dass die Welt, der Planet Erde, krank ist. 95,1 % der älteren Menschen in Pflegeeinrichtungen im Raum Hessen und Nordrhein-Westfalen leiden täglich unter verbaler, körperlicher und emotionaler Gewalt. Für Außenstehende ist diese Auswirkung meist schwer greifbar. Deshalb lade ich dich in das Jahr 2018 ein.

Es ist Mitternacht. Eine Pflegefachkraft, verantwortlich für drei Stationen und 75 pflegebedürftige Menschen. Du stehst mitten in der Arena, rechts von dir lautes Wimmern, dass sich tief bis zum Haaransatz durch dich hindurch zieht.

» Pflege geht uns alle an, denn sie beginnt dort, wo die Schulmedizin aufhört! «

Ein Gefühl wie früher, wenn der Lehrer mit den Fingernägeln über die Tafel kratzt. Intuitiv treibt es dich genau in das Zimmer Nr. 322. Vor dir steht ein 90 cm breites Holzbett mitten im Raum, Blick Richtung Mondlicht. Eine zarte, zierlich Frau liegt dort in Decken eingepackt. Du gehst zu ihr, spürst ihren warmen Atem und siehst in ihren zweifelnd hilflosen Blick. Wie auf Tonspur aufgenommen, weint sie endlos in das Mondlicht hinein.

Pflegebedürftige Menschen wie sie sind zumeist kognitiv eingeschränkt und können ihr Bedürfnis nicht verbal mitteilen. Das bedeutet, entscheide dich: Entweder verabreiche Schulmedizin für kurze Ruhe oder schaue hinter die Dinge und finde heraus, was dir dieser Mensch über Körpersprache wirklich mitteilen will. Ich entschied mich für das Letztere, weil ich durch meine 10-jährige Fitnessinstruktorenerfahrung weiß, dass unser Körper der Spiegel unserer Seele ist. Schaffe Zugang: Connecting is the key. Intuitiv legte ich meine Hand an ihre linke Schulter, atmete Minute für Minute immer tiefer werdend ein und aus. Bis ich an meiner Handinnenfläche ihre Körperspannung weichen spürte und ihr Wimmern leiser und leiser wurde. Frieden und innere Ruhe kehrte ein, einfach so.

Gewalt ist eine Form von Hilflosigkeit, Wut, Ärger und Hass. Sie entsteht genau dann, wenn Menschen den Kontakt zu sich selbst verloren haben und ohne Lebenssinn und Dankbarkeit für Gottes Geschenk auf diesem Planeten Erde wohnen. Als Mentorin für Careleaders und Vorbilder der neuen Generation Pflege habe ich mich entschieden, durch ein ganzheitliches Pflegeverständnis die Gesellschaft zu sensibilisieren. Pflege geht uns alle an, denn sie beginnt dort, wo die Schulmedizin aufhört. Im eigenen Zuhause, in der SelbstLIEBE. In der Beziehung zu sich, seinen Mitmenschen und der Umwelt.

Versteh mich bitte nicht falsch. Ich bin dankbar für die Schulmedizin. Doch kann es sein, dass wir durch diese verstärkte medizinische Entwicklung die Faszination für die natürliche menschliche Beziehungspflege, die Liebe, verloren haben? So auch bei dieser Frau. Ein tiefstes Bedürfnis und Sehnsucht nach Liebe und Anerkennung für ihr menschliches Sein. Genau deshalb übernehme Verantwortung für dein wertvolles GUT, dein eigenes Zuhause, deine Gesundheit. Bringe Körper, Geist und Seele in Balance und erlebe diese Faszination.

Kapitel 9

DURCH ALLE GEZEITEN –
VON FLUT, EBBE UND LIEBE

Die falsche Entscheidung. Oder?

Bastien Carrillo

Wie hart es sein kann, nicht auf sein Herz zu hören.

»Entweder, ich nehme mir das Leben – oder ich verkaufe so schnell wie möglich.«

Wie bitte?!? Was habe ich da gerade gedacht? Wie hatte es so weit kommen können? Wie hatte es so weit kommen können, dass mir so ein schlimmer Gedanke durch den Kopf schießt? Und wie kann es sein, dass dieser Gedanke mir auch noch plausibel erscheint?

Das war im Herbst 2019. Jetzt ist 2022 – und ich lebe noch. Aber was um alles in der Welt war da passiert? Diese Geschichte möchte ich dir gerne kurz erzählen.

>> *Ich hatte meinen Verstand gefragt. Ich hatte meinen Bauch gefragt. Aber wen hatte ich vergessen zu fragen?* <<

Hallo, mein Name ist Bastien Carrillo – und ich liebe das Leben. Denn ich habe bisher viel Glück gehabt: Meine Eltern haben mich geliebt, und ich bin in Deutschland aufgewachsen. Damit habe ich schon zweimal den Jackpot des Lebens geknackt. Das sehe ich zumindest so. Im Jahr 2011 habe ich mit einem guten Freund zusammen ein Unternehmen gegründet. Wir haben hohe Kredite für die notwendigen Investitionen aufgenommen. Wir wären im Jahr 2012 beinahe pleite gewesen und haben über die folgenden sieben Jahre gemeinsam viele graue Haare bekommen – aber wir haben auch ein

Unternehmen aufgebaut, das einen Millionenumsatz machte. Zusammen mit unseren vielen Mitarbeitern. In all den Jahren haben wir so eng zusammengearbeitet, so gut alle Krisen gemeistert – Seite an Seite gekämpft. Wir haben so viel Zeit miteinander verbracht. Unsere Fähigkeiten und Einstellungen haben sich wunderbar ergänzt und wir haben viel zusammen gelacht. So etwas hatte ich noch nie erlebt. Ein Freund und Geschäftspartner fürs Leben.

Kurz vor Weihnachten im Jahr 2018 sagte er mir, dass er seinen Teil des Unternehmens verkaufen wolle. Wir beide hatten immer schon mal darüber geredet. Vor allem, wenn mal wieder Mitarbeiter miteinander Stress hatten und wir schlichten mussten. Oder wenn die Bürokratie wieder zu viel Raum einnahm – wie die Datenschutz-Grundverordnung im Frühjahr 2018. Doch jetzt wollte er definitiv aussteigen. Und ich musste mich entscheiden, ob ich auch verkaufen oder ihm seine Anteile abkaufen wollte.

Mein Verstand war ganz eindeutig dafür, das Unternehmen zu behalten. Mein Bauch war sich unschlüssig. Also entschied ich mich dazu, ihm die Anteile abzukaufen.

An dem Tag, an dem er das letzte Mal das Büro verließ, wusste ich, dass ich eine falsche Entscheidung getroffen hatte. Es fühlte sich so an, als hätte er mit mir Schluss gemacht. Es fühlte sich so an, als müsste ich aber noch das Haus abbezahlen, in dem unser gemeinsamer Traum begonnen hatte. Dann erinnerte ich mich an seine Worte aus dem Jahr 2012: »Ohne dich dieses Unternehmen zu führen ist möglich, aber sinnlos.« Genau so war es. Ohne ihn war es sinnlos. Es fühlte sich falsch an. Und ohne ihn kamen mir die täglichen Routinen und Probleme unerträglich vor. Un-er-träg-lich. Im wahrsten Sinne des Wortes. Da half auch mein hohes Gehalt nicht – und das war das Hauptargument meines Verstandes gewesen. Sicherheit. Die Angst, nicht genug zu haben. Das Übliche.

Nach Wochen des stillen Leidens schoss mir dann dieser Gedanke durch den Kopf: »Entweder, ich nehme mir das Leben – oder ich verkaufe so schnell wie möglich.«

Aber warum hatte ich mich falsch entschieden? Ich hatte meinen Verstand gefragt. Ich hatte meinen Bauch gefragt. Aber wen hatte ich

vergessen zu fragen? Mein Herz. Mein Herz, das keine Angst kennt.
Mein Herz, das das Leben liebt. Mein Herz, das Abschied verkraftet.
Mein Herz, das immer die Liebe wählt, und nicht die Angst.

Im Februar 2020 konnte ich mein Unternehmen endlich verkaufen.
Auch wenn ich meinen Freund und die Zeit mit ihm immer noch
vermisse. Ich konnte abschließen und neu wählen. Es geht mir besser als je zuvor. Das Leben ist schön.

Spekulation
über einen anderen Ausgang

Henry Böster

Ich bin es gewohnt, in meinem täglichen Leben Entscheidungen zu treffen. Ich habe lange überlegt, was für mich schwere Entscheidungen und leichte Entscheidungen sind, und ich habe für mich selbst festgestellt, dass es eigentlich die Entscheidungen sind, die kein eindeutiges Ergebnis liefern. Ich meine die Entscheidungen, bei denen man abwägen muss und am Ende nur ein undeutliches Ergebnis sieht und in der Spekulation bleibt, wie sich etwas entwickelt hätte, wenn man anders entschieden hätte.

» Ob das die richtige Entscheidung war, weiß ich nicht. Aber es war richtig zu entscheiden! «

Als Beispiel möchte ich hier eine Beziehung von mir nennen. Ohne ins Detail zu gehen: Wir haben eine Beziehung geführt, die uns beiden emotional sehr viel abverlangt hat. Es war ein Auf-und-Ab. Wir haben uns oft getrennt, immer wieder versöhnt und gelobten Besserung, bevor wir wieder in unser altes Muster mit kleinen Veränderungen eingestiegen sind.

Ich kam an einen Punkt, an dem ich mit vielen persönlichen Problemen und Herausforderungen konfrontiert wurde. Gleichzeitig hatten wir beide »wieder mal Streit«. Gerade in dieser Zeit habe ich mir sehr gewünscht, sie an meiner Seite zu haben und habe gemerkt, dass mich das weiter heruntergezogen hat und es begann, mich zu zerstören.

Ich musste für mich selbst eine Entscheidung des Selbstschutzes treffen – und war bei der darauffolgenden Versöhnung sehr zurückhaltend und vorsichtig. Wir begannen wieder einmal, Änderung zu beschwören, und es machte eine Zeit lang den Eindruck, als ob es dieses Mal klappen könnte. Ich war aber weiterhin vorsichtig und eher reaktiv. Es kam, wie es kommen musste und wir stritten uns wieder. Auf mein Wohl achtend bin ich dieses Mal anders in diese Trennung gegangen.

Ich habe mir geschworen, dass ich eine ganz bestimmte Grenze bei mir ziehe und ich mich dieses Mal nicht melden würde. Mein Wohlbefinden habe ich gerettet. Viele Dinge liefen dieses Mal für mich deutlich besser. Ich habe also sachlich die richtige Entscheidung getroffen. Was ich nicht weiß: Wie wäre es gewesen, wenn ich nicht zurückhaltend in unsere »letzte Runde« gegangen wäre? Dieser Raum der Spekulation hat mich oft zermürbt. Denn: Ich hätte keine Beziehung zu ihr gehabt, wenn sie mir nichts bedeuten würde. Ja… hätte, hätte.

Ich konnte mich entscheiden zwischen »auf mich selbst zu verzichten« oder »auf sie zu verzichten«. Und ich habe mich für mich entschieden. So sehe ich es heute sachlich. Ob das die richtige Entscheidung war, weiß ich nicht. Aber es war richtig zu entscheiden.

Veränderung –
von der Naturgewalt zum Neubeginn

Dominique Hauk

Als ich gefragt wurde, hier teilzunehmen, musste ich nicht lange überlegen, welche Entscheidung ich teilen möchte – eine persönliche Entscheidung, die sich aber zuerst nicht wie eine weitreichende oder wichtige angefühlt hat.

Es gab kein Abwägen, ich habe keine Argumente gesammelt, keine Risiken betrachtet, sondern es war irgendwie klar. Klar. Spontan. Deutlich. Aber worum geht es? Im Juli 2021 hatte ich noch einige Tage Urlaub übrig. Ich wollte nach Italien fahren, nach Rom, die »Ewige Stadt«. Italien war aber »zu« wegen der Pandemie. Also was macht man mit den Urlaubstagen? Zu dieser Zeit gab es leider im Ahrtal eine Katastrophe. Die Flut hat alles im Tal weggespült, und ich habe mich spontan entschieden, als freiwilliger Helfer dort zu unterstützen. Die Eindrücke, die ich dort erfahren habe, würden ein ganzes Buch füllen, weil so viel Zerstörung zu sehen war – andererseits so viel Dankbarkeit, so viele Wahrnehmungen – unheimlich und bewegend.

)) ... so viele Wahrnehmungen – unheimlich und bewegend!((

Worauf ich noch eingehen möchte, ist ein anderes Ereignis, das unerwartete Folgen hatte und sich drei Tage später ereignete. Es hat sich ergeben, mich mit einer ehemaligen Klassenkameradin zu treffen. Seit Jahren schon hatten wir vorgehabt, uns zu verabreden. Wir haben es nie geschafft. 27 Jahre hatten wir uns nicht gesehen. An diesem 23. Juli haben wir uns also getroffen. Ein wundervoller Abend. Dieser wundervolle Abend wurde plötzlich zum Date. Es gab dann ein zweites Date, ein drittes, und es folgten unendliche Telefonate. Heute weiß ich die tollste Frau an meiner Seite.

Was ich sagen will: Spontane, klare Entscheidungen führen auch manchmal zu tollen Erfahrungen und unvorhersehbaren Ereignissen. Im ersten Fall, wie gesagt, die Hilfe im Ahrtal, die Dankbarkeit, die Erkenntnis, was wichtig ist im Leben. Andererseits führt dieses Ereignis bei mir zu einer grandiosen Beziehung. Habt keine Angst vor spontanen Entscheidungen. Sie können euch so viel bringen.

ANKOMMEN, FRIEDEN FINDEN –
WIE WIR IN EINER WELT DES WANDELS
ENTSPANNTER LEBEN

Wagen oder warten?

Kati Sharp

Niemand kommt und nimmt die Angst von mir. »NIEMAND KOMMT UND NIMMT DIE ANGST VON MIR!«

Ich lese diesen Satz in einem Roman, der mich doch eigentlich unterhalten soll. Jetzt liege ich da, übermannt von Trauer und Schmerz. Denn wie kein anderer Satz fasst er das zusammen, was tief in meinem Innern stets präsent ist und wie ein Dämon lauert. Wie umgehen mit Umständen, die ich nicht selbst gewählt habe? Je größer die Freiheitsgrade, desto leichter fällt die Akzeptanz. Im Umkehrschluss heißt das: Umstände, die ich nicht selbst gewählt habe, sind umso schwerer zu akzeptieren. Psychologisch betrachtet sind ohnehin mehrere Stufen der Akzeptanz vorgeschaltet. Sie kommt nicht leicht und einfach zu uns. Es ist emotional harte Arbeit in diesen Zustand der Beinah-Erleuchtung zu gelangen. Erst wenn Angst, Wut und Depression der Demut gewichen sind, dann kommt die Leichtigkeit – und die Entscheidungsfreude. Auch entscheidungsfreudige Menschen weinen manchmal in ihr Kissen. Auch sie fragen sich gelegentlich: »WARUM passiert mir das jetzt?« Die Kraft liegt im Handeln. Darin, den Blick nach vorne zu richten und sich stattdessen zu fragen: »WAS kann ich jetzt tun?«

> » *Auch wenn es eine unkomfortable Erfahrung wird, so wird es doch eine Erfahrung sein, die mich bereichert!* «

Und genau das tun Entscheider: Sie grübeln weniger und handeln mehr. An Widrigkeiten wachsen – das ist meine Maxime. Damit kenne ich mich aus. Echtes Wachstum findet immer außerhalb unserer Komfortzone statt. Wer kennt das nicht? All das weiß ich mental. Und doch gibt es einen essenziellen Unterschied zwischen »Kennen« und »Können«. Denn warum sonst reißt mich dieser eine Satz kurzfristig so in den Abgrund? »Niemand kommt und nimmt die Angst von mir.« Als die Tränen trocknen, erinnere ich mich, was meine Medizin ist, diese Angst zu bezwingen: Es ist, Neues zu wagen. Mich in Unbekanntem auszuprobieren. Zu springen, wenn ich am Abgrund stehe und zu wissen: Egal was mich da erwartet, ich kann es schaffen! Denn es werden helfende Hände da sein, die mich begleiten. Auch wenn es eine unkomfortable Erfahrung wird, so wird es doch eine Erfahrung sein, die mich bereichert.

Ich freue mich auf die neuen Erfahrungen, die ich sonst nie gemacht, an Menschen, denen ich sonst nie begegnet wäre. Ich bin dankbar für das, was ich habe und bedaure nur selten, was ich verloren haben. Lasse es los. Vor die Entscheidung gestellt: »Wagen oder warten?«, entscheide ich mich immer fürs Wagen. Fürs Springen. Und ich werde so oft springen, bis ich gefunden habe, was ich suche. Jede Entscheidung, jede Wahl, zählt. Jede Wahl, die du im Hier und Jetzt triffst, hat einen Einfluss auf deine Zukunft. Vergiss das nie.

Vergebung ändert alles

Heiko Stahnke

Als ich zehn Jahre alt war, haben sich meine Eltern getrennt, und 23 Jahre später ist mein Vater gestorben. Ganz allein in seiner Wohnung. 23 Jahre, in denen ich genug Zeit hatte, Groll aufzubauen, wütend zu werden, den Ärger aufschäumen zu lassen, Scham und Hass zu entwickeln. Einzig und allein dafür, dass sich meine Eltern getrennt hatten. Dafür, dass mein Leben von jetzt auf gleich auf den Kopf gestellt wurde.

» Es ist gut so, wie es ist, und jeder darf so sein, wie er möchte!«

In der Zeit, in der mein Vater noch lebte, ging es ihm im Laufe der Jahre immer schlechter. Als ich ihn dann eines Tages so sah, wie er sich quälte und dabei gleichzeitig den Schein wahren wollte, dass bei ihm alles in bester Ordnung sei, da habe ich mich gefragt: »Was bringen mir all diese schlechten Gefühle, die ich für ihn empfunden habe?« Nach langem Grübeln habe ich einfach keine zufriedenstellende Antwort darauf gefunden.

Schließlich habe ich für mich die Entscheidung getroffen, ihm für all das, was ich ihm vorgeworfen habe, zu vergeben. Ich bin sogar noch einen Schritt weiter gegangen und habe mir dafür vergeben, dass ich so für ihn empfunden habe. Dadurch ist etwas Wunderschönes geschehen. Ich habe seit langer Zeit einen tiefen, tiefen Frieden in mir gespürt. Die Beziehung zu meinem Vater hat sich auch von diesem Moment an entspannt und deutlich verändert. Wir haben uns zwar nicht hingesetzt und stundenlang darüber geredet, dass ich ihm vergeben hatte. Nein, denn wie man so unter Männern sagt, braucht es das manchmal nicht. Die Vergebung hat auf einer anderen, viel tieferen Ebene meines Bewusstseins stattgefunden. Mein Vater und ich, wir haben es in unseren Blicken gesehen, wir wussten, dass sich etwas verändert hatte. Wir wussten beide: Es ist gut so, wie es ist, und jeder darf so sein, wie er möchte.

Und heute? Heute bin ich von tiefer Dankbarkeit erfüllt, denn mein Vater hat mir das Leben geschenkt und mir so viel Gutes mit auf den Weg gegeben. Durch ihn durfte ich erfahren, was es bedeutet, jemanden und vor allem sich selbst zu vergeben. Es hat sich ein tiefer Frieden auf der Grundlage einer Entscheidung entwickelt. Es war die Entscheidung, meinem Vater und mir zu vergeben. Zu vergeben für all das, was wir gemacht und eben auch nicht gemacht hatten.

Das vielleicht kürzeste, effizienteste Trainingsprogramm für Resilienz

Johanna Dahm

Kürzlich habe ich eine junge Frau getroffen. Also das heißt, sie war ungefähr in meinem Alter und ihr kennt ja solche Begegnungen, wenn man jemanden trifft und sich denkt: »Meine Güte, also verglichen mit dieser Person habe ich ja gar nichts erlebt.«

Sie hat in den USA und Indien gelebt, hat ihre Kinder verloren und darüber ist ihre Ehe zerbrochen. Sie musste ihren Boss feuern wegen sexueller Belästigung. Sie ist 19-mal umgezogen und fühlt sich bis heute irgendwie immer noch wie eine Nomadin. Dann war sie für die Durchführung von drei Massenentlassungen verantwortlich – manchmal liegt sie nachts da

» Manchmal vergessen wir jedoch auch, den Botschaften der anderen richtig zuzuhören! «

und immer noch gehen ihr die Gesichter der Betroffenen durch den Kopf. Und als ich diese Frau fragte: »Sag mal, wie hast du das gepackt? Wie kannst du heute noch so fröhlich sein und so humorvoll?« Da hat sie gesagt: »Weißt du, das Leben ist wie ein Computerspiel. Es geht mal ein Level hoch und mal ein Level runter. Und manchmal musst du auch ganz von vorn anfangen. Aber die einzige Möglichkeit, stärker zu werden und auch andere Leute stärker zu machen, ist es, niemals aufzugeben. Du musst dich für das Spiel entscheiden. Du musst dich für das Leben selbst entscheiden.«

Wir alle sind angetreten, weil wir anderen gerne eine Botschaft mitgeben wollen. Manchmal vergessen wir jedoch auch, den Botschaften der anderen richtig zuzuhören. Von anderen zu lernen, sich auch etwas sagen zu lassen, wenn es nötig ist, statt immer nur zu predigen. Lange habe ich selbst etwas Wichtiges vergessen, nämlich statt stets nur meine Stärken weiterzugeben, auch über meine Schwächen zu sprechen – über die Monster unter meinem Bett. Ihr wisst, was ich meine.

Aber mit der Hilfe meines Partners und mit der Hilfe der anderen Entscheider habe ich es geschafft, euch auch diese Frau vorzustellen, der ich kürzlich begegnet bin. Die unzertrennlich zu mir gehört. Weil die Menschen in meinem Umfeld mir die Kraft gegeben haben, meine Schwächen anzuerkennen. Alle Entscheider in diesem Buch zeigen sich offen und ehrlich. Das alles hat auch mich stark gemacht, so stark, dass ich meine Schwächen eingestehen kann.

Vertrauen in uns selbst und andere ist die Grundvoraussetzung, um Entscheidungen zu treffen. Und wir gehen gemeinsam den Weg weiter. Ich wünsche euch eine fantastische weitere Reise. Entscheidet euch dazu, nie aufzugeben, entscheidet euch für dieses Spiel. Entscheidet euch immer für das Leben selbst. Und ja – es darf auch mal spielerisch sein.

Nur wer Entscheidungen trifft und handelt, erfährt die Sonnenseite des Lebens

Isabell Huber

»Warte nicht. Der Zeitpunkt wird niemals perfekt sein.«

Napoleon Hill

Wir schreiben das Jahr 2008, ein eiskalter verschneiter Dezembertag. 13.00 Uhr. Stell dir vor, du stehst in einem menschenleeren dunklen Flur, hinter dir, schreit es laut auf: »Hilfe!« Du zuckst zusammen, wie ferngesteuert läufst du mit erschöpftem Gang und schweren Beinen aus dieser Gasse heraus. Rein in einen quadratisch praktischen Nebenraum. »Stille, einfach mal Stille! Bitte!«, sagst du dir. »Verdammt noch mal, hast du

>> *Pflege dein Licht und schenke es der Menschheit!* ((

dein Handy an!?«, schreit es von links. Eine Frau mit goldenen Haaren und fester Statur schaut zu dir herüber, hält Blickkontakt.

Wie aus einer Trance wachgerüttelt, läufst du mit entschlossenem Blick zur Taschenablage, holst dein Handy heraus und gehst auf direktem Weg ins Personal-WC. In der tiefen Sehnsucht, bitte nur einmal ungestört tief Luft holen zu dürfen. Dann schaltest du deinen Handybildschirm frei. Mit dem inneren Auge, deiner inneren Stimme, liest du folgende Zeichen: 32 Anrufe in Abwesenheit – von der gleichen Person. Bitte nicht! Du drückst auf Rückruf. Doch! Eine weibliche Stimme sagt: »Isi, du musst jetzt stark sein. Er ist verstorben, heut im Krankenhaus. Wo bist du? Wir holen dich ab.« In diesem Moment realisierst du: Der Tod hat keine Altersbeschränkung! Lebe jetzt, hier und jetzt im Moment!

Das damals war ich in meinem ersten Ausbildungsjahr zur Alten-, Gesundheits- und Krankenpflegerin – 10 000 Schritte, 25 Bewohner und ich. Ein ganz normaler Frühdienst in der stationären Altenpflege. Pflegefachkräfte irgendwo, Chefin im Büro, Schüler allein auf Station. Klischeehafte Darstellung. Doch eine einschneidende Sache war anders! Mein Leitstern war tot, er kam nie wieder. Er war an den Folgen eines dramatischen Verkehrsunfalls mit 18 Jahren verstorben. Dieser Moment lehrte mich: Pflege dein Licht und schenke es der Menschheit! 89 % der Menschen bereuen in den letzten Lebensmomenten, Lebensmonaten, nicht das, was sie getan haben, sondern das was sie nicht getan haben.

Wenn, dann …
… Ich wünschte, ich wäre mutiger gewesen!
… Ich wünschte, ich hätte meinem Kind vergeben!

Genau deshalb schließe Frieden mit der Vergangenheit! Lebe jetzt, hier und jetzt. Prüfe deine Selbstgespräche, toxischen Bindungen und limitierenden Glaubenssätze. Wovon darfst du dich trennen, was darfst du loslassen, um dein Licht von innen heraus anzufeuern? Stell dir vor, du kannst durch dein Licht die Welt ein kleines bisschen besser machen, als du sie vorgefunden hast. Wie zufrieden und reich bist du dann? Liebe so viel du kannst! Liebe ist das Einzige, was sich verdoppelt, wenn du es teilst! Und erinnere dich: Wo die Liebe wohnt, wohnt das Licht. Wo das Licht wohnt, wohnen Möglichkeiten und Chancen.

PS: Habe Verständnis und zeige Demut für jene Pflegenden, die sich im Ton vergreifen. Auch sie sind Leidtragende des Systems und sich in ihrer Abhängigkeit ihrer Freiheit – voller Möglichkeiten, die Zukunft selbst zu gestalten – nicht bewusst.

Ein Nein ist ein vollständiger Satz!

Christiane Kuhlmann

Da ist sie wieder, diese Situation. Ich lerne jemanden auf einer Fortbildung kennen und habe das Gefühl, er ist sehr authentisch und kompetent. Und schon wird mir ein Programm zum Kaufen angeboten, das genau auf mich zugeschnitten ist und mich wirklich nach vorne bringt.

»Nein, das mache ich nicht!«, denn ich habe mir ja vorgenommen, nicht schon wieder ein neues Programm für meine Persönlichkeitsentwicklung zu kaufen, denn es gibt schon zwei ungenutzte, gekaufte Module. Wieder dieser Zweifel, ob ich denn gut genug bin und ob ich nicht gerade diesen Kurs brauche und die Frage, ob ich einfach so Nein sagen darf, wo mich doch jetzt jemand beraten, sich viel Mühe gegeben und Zeit zur Unterstützung investiert hat? Doch ich will

» Ab heute, hier und jetzt stehe ich für mich ein, und mein Nein ist nicht verhandelbar! «

niemanden enttäuschen und diese Auseinandersetzung nicht haben, wenn ich dann wieder sagen muss: »Nein, ich entscheide mich gegen einen Kauf«. Auf die Rückfrage: »Warum nicht?«, beginnt mein innerer Dialog: Brauche ich denn wirklich noch ein weiteres Konzept oder steckt nicht schon alles in mir? Wenn ich dann zögere, führt es wieder dazu, dass andere denken: Die ist doch selbst Coach, die muss sich doch klar und eindeutig in der Kommunikation äußern können. Wieder kommt dieses schleichende Gefühl, dass ich nicht gut genug bzw. nicht kompetent bin. Zerrissenheit pur, und stets bin ich nicht bei mir, sondern im Außen.

Ein Nein ist ein Nein und nicht verhandelbar! Warum stehe ich nicht zu meiner Entscheidung? Erneut bin ich in Zweifel! Ach ja, und dann ist es ja auch noch eines dieser Start-up-Unternehmen und ich mit meinem Helfer-Syndrom und meinen 30 Jahren erfolgreicher Praxiserfahrung unterstütze immer gern. In mir spüre ich diesen Herzdruck und eine Rebellion kommt auf. Wie komme ich aus dieser Nummer raus? Was will ich durch den Kauf kompensieren? Wozu kann ich nicht einfach Nein sagen? Wieso erlaube ich mir nicht einfach, für mich selbst einzustehen?

In einem Seminar habe ich drei Tage gebraucht, um diesen Satz zu formulieren: »Ich stehe immer für mich selbst ein!« Grenzen zu setzen fällt mir besonders schwer. Ich lasse mich gern missbrauchen und ausnutzen, um anschließend Jammern zu können, dass keiner mich und meine Entscheidung respektiert. Wie lange soll dieses Spiel eigentlich noch gehen? Wenn ich meine Grenzen setze, ist das ein Ja zu mir selbst und ein Ausdruck meiner Selbstwertschätzung und Liebe. Dann erst können auch andere meine Grenzen respektieren, wenn ich ein klares Nein äußere? Wenn ich mir das Beste wert bin, kann ich die irrige Meinung auflösen, ein Ja sei besser als ein Nein! Klare, eindeutige, für mich stimmige Kommunikation bringt mich zu meinem gelungenen Leben, ohne Zweifel und mit Selbstvertrauen.

Ab heute, hier und jetzt stehe ich für mich ein, und mein Nein ist nicht verhandelbar. Grenzen zu setzen ist Ausdruck der Liebe zu mir selbst und Grenzen zu achten ist Ausdruck der Liebe zu anderen. Entscheidungen zu treffen, mutig umzusetzen und in Dankbarkeit zu genießen ist Freiheit.

Hey – tägliches Training bringts, und plötzlich gehts ganz einfach und entspannt!

Verantwortung = Entscheidung

Steffen Becker

Das Verhältnis ist eins zu zwanzig. Eins zu zwanzig ist das Verhältnis zwischen bewusst und unbewusst gefällten Entscheidungen. Einigen ist es bekannt: Wir treffen täglich 20 000 Entscheidungen, doch nur gerade einmal 1000 davon kommen in unser Bewusstsein. Es war der 9. November 2021, als ich um 13.27 Uhr einen Anruf bekam, der für mich zu diesem Zeitpunkt eine der schwierigsten Entscheidungen meines Lebens bedeutete.

Ich höre und sage immer: Eine Entscheidung hast du für dich zu treffen. Doch was ist, wenn jemand anderes nicht für sich selbst entscheiden möchte und dir die Entscheidung überträgt, sie dir aufdrängt?

>> *Was macht das Leben für dich (noch) lebenswert?* ‹‹

In diesem geschilderten Fall ging es um meine Mutter und darum, ob sie sich eine Magensonde legen lässt, um länger leben zu können. Sie war schon seit fast einem Jahr bettlägerig und hatte im Vorfeld klar geäußert, dass sie keine lebensverlängernden Maßnahmen möchte. Dann kam der Anruf vom Arzt, der mir erklärte, er habe mit meiner Mutter gesprochen und sie hätte angeblich gesagt, sie wolle eine Sonde haben. Er wolle mich nur noch informieren.

Ich glaubte ihm nicht, denn entweder traf sie selbst eine Entscheidung und dann war das so, oder sie wollte in der Vergangenheit, dass ich für sie entscheide. Nun wurde ich eingebunden mit ihrer Aussage, ich kann das nicht. Es stellte sich heraus, dass der Arzt versucht hatte, sie zu überreden.

Das letzte Gespräch zu diesem Thema führte ich mit meiner Mutter im Krankenhaus. Und ich fragte mich, warum meine Mutter diese wichtige Entscheidung nicht treffen wollte, obwohl sie bei klarem Verstand war. Für mich war daher zu klären: Wie gehe ich in das Gespräch mit meiner Mutter?

Wie schaffe ich es, meine Mutter zu unterstützen, sie jedoch diese Entscheidung selbst treffen zu lassen? Zwei der zentralen Fragen, die ich stellte, waren: Was macht das Leben für dich (noch) lebenswert? Willst du von deinem geäußerten Grundsatz, keine lebensverlängernden Maßnahmen zu nutzen, nur in diesem Fall oder generell abrücken, sprich: Wie soll ich mich auch in Zukunft verhalten?

Was ist also in ihrem Sinne? Die Entscheidung, die in dem Gespräch fiel, war, sich keine Sonde legen zu lassen. Im Umkehrschluss bedeutete dies für mich, langsam Abschied zu nehmen, sie auf ihrem letzten Weg zu begleiten und zu unterstützen.

Was ist also eine Entscheidung? Eine Entscheidung ist eine Scheidung von etwas. In Entscheidung ist das Nein, die Absage zu Dingen oftmals mehr enthalten als das Ja für etwas. Und ich glaube, es ist wichtig, dass wir mit einer Entscheidung wesentlich mehr abwählen, als das wir für etwas wählen. Das vergessen zumindest meiner Ansicht nach viele.

Deswegen ist die Frage, die wir so im Tagtäglichen haben: Treffen wir die Entscheidungen wirklich bewusst oder unbewusst? Und ich möchte alle dazu ermutigen, einfach noch mehr in ihrem eigenen Leben nachzuforschen. Ist das, was ich tue, wirklich etwas, das automatisiert ist, in Form von Gewohnheiten und Routinen? Oder aber ist es etwas, das wirklich bewusst entschieden wird? Denn das, was ich da machen durfte am 9. November 2021, beschäftigt mich heute noch.

Was wir für uns hier vielleicht lernen dürfen, ist, wie wir mit Dingen umgehen, die sich zwischen Pest und Cholera bewegen. In diesem Sinne hoffe ich, dass du für dich immer die richtige Entscheidung triffst.

STEPHANIE KLEIN

Mein Name ist **NORA KIM RETZLAFF** und ich helfe als Stress-Frei-Coach offline und online anderen Menschen raus aus ihrem Alltagsstress, rein in ihr Leben in Balance. Mit einer individuellen Struktur für den Alltag verlassen wir die Abwärtsspirale, die sich gefühlt zunehmend schneller nach unten bewegt und gehen rein in ein Leben in Balance, Entspannung, Freude, Gelassenheit und Glück.

Gerne und auch zur Entspannung gehe ich in der Natur mit meinem Hund Athos spazieren. Meiner kreativen Natur lasse ich beim Basteln, Kochen und Backen für meine Lieblingsmenschen freien Lauf.
www.facebook.com/CoachNoraKim
https://www.proven
expert.com/nora-kim-retzlaff/
info@coachnorakim.de
https://coachnorakim.de/

»Wer Menschen führen will, muss hinter ihnen gehen.« Laotse
Von der Vorgesetzten zur Führungskraft – weg von »Ich Chef, du nix« hin zu »TEAM«

> Täglich
> Ein
> Achtsames
> Miteinander

STEPHANIE KLEIN ist Trainerin, Mentorin, Coach und Führungskraft. Es ist ihre Leidenschaft und ihre Berufung, Menschen, Teams und Organisationen auf ihrer Reise zu begleiten und in ihrer Entwicklung zu unterstützen. In ihren Seminaren zu Zielfindung, Entwicklung von Visionen, Werten und Unternehmenskultur sowie Teambildung spielt Kreativität eine große Rolle. Denn »Think Outside the Box« hat bisher bei jedem ihrer Teilnehmer die größten Entwicklungsschritte hervorgerufen. Sie sagt, viele Menschen haben Know-How, doch zu wenige haben ein Know-Why!
www.stephanie-klein.com

NORA KIM RETZLAFF

JUDITH JUHNKE

Free Guided Meditation »Best Possible Self – Gain: Clarity – Ease – Vision – Trust« https://tinyurl.com/freemeditationbestself No. 1 Amazon-Bestseller: Fairy Tales Re-Told: https://tinyurl.com/fairytalesretoldbook www.judithjuhnke.com

JUDITH JUHNKE ist ausgezeichneter internationaler Breakthrough Coach, Speakerin, Gründerin und Bestsellerautorin. Sie ließ ihr 30-Millionen-Euro-Kundenportfolio in der Konzernwelt hinter sich und tauschte es gegen Unternehmertum, gründete ein Fashion-Start-Up und ließ sich in Quanten- und Energiearbeit, emTrace® Emotion und Positive-Psychology-Coaching ausbilden und zertifizieren.

Nachdem sie ihr Kindheitstrauma überwunden und ihr eigenes Limitless-Life erschaffen hatte, liegt ihre Expertise heute darin, ihre Klienten sicher an deren Kern zu führen, um ihr eigenes grenzenloses Leben zu kreieren, Stärken in Umsetzung zu bringen und sinnerfüllt zu leben. Das Leben darf leicht sein – du hast bewiesen, dass du kämpfen kannst – jetzt ist Zeit für Flow und Schaffenskraft mit Leichtigkeit. Arbeite mit Judith online, auf Deutsch und Englisch, und lebe deinen Purpose!

Free Mini-Video-Kurs »5 Impulse, wie du relaxt zu mehr innere Stärke und weniger Stress gelangst«: https://tinyurl.com/mehrstaerke-nostress-videokurs

Spielend erfolgreich. Wer spielt, gewinnt! Davon ist **VIRGIL SCHMID** überzeugt. Der Unternehmer, Business-Coach, Buchautor und Keynote-Speaker ist leidenschaftlicher Verkäufer und erfolgsorientierter Praktiker. Er ist mit Leib und Seele Verkaufstrainer, Coach und Speaker. Und er ist eine unerschöpfliche Ideenquelle dafür, wie Verkauf und Motivation auch ganz anders als gewohnt funktionieren kann: spielerischer, fantasievoller, humorvoller.

Verkaufsschulung mit Virgil Schmid beginnt dort, wo andere Verkaufstrainer aufhören. Mit spielerischer Leichtigkeit schafft er es, praxisbezogene Themen auf unterhaltsame

VIRGIL SCHMID

Art und Weise zu präsentieren. Er haucht frustrierten Vertriebsmannschaften wieder Spaß am Job ein und zeigt Einzelhändlern, wie sie ihre Kunden zum Schmunzeln und ihre Kasse zum Klingen bringen können. www.virgilschmid.ch

SANDRA ECHEMENDIA

SANDRA ECHEMENDIA ist Mentorin für High Performance im Sales-Bereich sowie Keynote-Speakerin. Vertrieb ist für sie Leidenschaft und eng verbunden mit der eigenen Identität und den eigenen Werten. Sie ist Gründerin von Success & Sales Consulting und der Success & Sales Academy, die Solopreneuren sowie Entrepreneuren und ihren Teams dabei hilft, ihre innere Emotionsachterbahn in den Griff zu bekommen, um mithilfe von Struktur und einfachen Tools erfolgreich durchzustarten und extrem umsetzungsstark zu werden.

Sie ist seit 16 Jahren im Management und Leadership des Sales-Bereichs tätig und führte Teams mit 400 Mitarbeitern. Ihre Expertise beruht auf über 12 Jahren als Trainerin und Coach, sie ist zertifizierter NLP-Master und Hypnosecoach und sie ist Coach und Trainerin für Deep O.C.E.A.N.

https://sandra-echemendia.com
https://podcasts.apple.com/de/podcast/kopfkonfetti/id1553540410?l=en

CAROLA BRIESE arbeitet aktuell im Bereich der Internetsicherheit und vorwiegend remote aus Berlin, London oder Paris für das SaaS Unternehmen Digital Shadows im

Customer-Success-Management. Dabei begleitet sie die IT-Sicherheitsabteilungen großer Unternehmen in Europa u. a. aus der Gesundheits-, Energie- und Finanzbranche. Neben Studium und Promotion arbeitete sie als freiberufliche Event-Managerin, Übersetzerin und Lektorin, bevor es in die SaaS-Welt

CAROLA BRIESE

ging: zunächst für den Urheberrechtsschutz von Fotografen als Business-Development-Managerin und später im Customer-Success für das Online-Reputationsmanagement von Unternehmen. Wenn sie nicht am Computer sitzt, dann fährt sie Rad, Zug oder schwimmt in der heimatlichen Ostsee bei Rostock.
www.linkedin.com/in/carolabriese

JAEWOO HYUN

JAEWOO HYUN ist 1979 in Duisburg geboren. Beide Eltern sind in den 70ern von Korea nach Deutschland als Gastarbeiter gekommen. Nach dem BWL-Studium auf der Munich Business School und einem MBA an der Seoul National University hat Jaewoo in Korea und China bei der Finanzinstitution ING essenzielle Management- und Auslandserfahrung gesammelt.
Durch seine Qualifikation, Arbeitserfahrung und Koreanischkenntnisse konnte er sich für zwei führende koreanische Firmen im Marketing und Vertrieb qualifizieren. Die Unternehmensberatung Accenture war die längste und einprägsamste Erfahrung in seiner Karriere, da Berater generell immer einen Schritt vorausdenken und -arbeiten müssen, um im Markt Mehrwerte zu bieten und liefern zu können. Derzeit arbeitet Jaewoo bei einem amerikanischen Hidden Champion für Finanzreporting und managt Beratungsfirmen wie beispielsweise KPMG, Accenture, Bearingpoint, etc.
Passend zu meiner Geschichte mein persönliches Zitat für alle Entscheider: »Your destiny is determined by your BRAVERY at crossroads. ANXIETY is like a shadow that follows. Embrace it. Both!«
jaewoo.hyun@outlook.com

HASTI B. CLAUSEN

Die gebürtige Iranerin **HASTI B. CLAUSEN** lebt schon sehr lange in Deutschland und weiß aus eigener Erfahrung, was Veränderung bedeutet. Sie hat Krieg und Revolution erlebt, in Deutschland ein neues Leben begonnen und sich beruflichen Herausforderungen gestellt.

Sie sagt: »Iran ist meine Heimat, Hamburg mein Zuhause. Ich stecke morgens nicht einen Teil von mir in den Schrank und gehe los!«

Von ihr stammt die A.L.I.C.E.-Methode · Dein Schlüssel zum Wunderland.

Man behält sie nicht nur durch ihre Expertise im Gedächtnis, viel mehr machen ihre Echtheit und ihr großes Herz sie aus.

https://hasti.de

STEFFEN BECKER

STEFFEN BECKER lebt in seiner Wahlheimat Dresden. Nach mehreren beruflichen Stationen ist er seit 2006 als Berater und Sparringspartner für kleine und mittlere Unternehmen im Einsatz. Das Einsatzgebiet umfasst die digitale Video-Kommunikation und deren Möglichkeiten für das Marketing und Sales sowie die Digitalisierung für das Onboarding und die unternehmensinterne Weiterbildung. Präsentationstechniken runden zusammen mit Führungsthemen das Portfolio ab. Steffen Becker hat im Laufe seines Lebens mehrere Unternehmen aufgebaut oder ist an ihnen beteiligt. Seine Mission ist es, Men-

schen und Organisationen dabei zu unterstützen, die nächste Stufe auf ihrem eigenen Lebensweg zu erlangen.

Mehr Informationen sind hier zu finden: www.steffenbecker.com

»Worum geht es im Leben?« Das ist die Frage, die **BASTIEN CARRILLO** seit mehr als 25 Jahren umtreibt. Die Suche hat ihn an viele Orte auf diesem Planeten gebracht – weiter als andere gehen würden. Auch beruflich: von der Ausbildung zum Offizier bei der Bundeswehr, der Arbeit bei den Vereinten Nationen, über die Tätigkeit als freiberuflicher Berater bis hin zum eigenen Unternehmen mit 27 sozialversicherungspflichtigen Angestellten und dem Exit.

Online und offline auf der Bühne zeigt Bastien Carrillo: Das Leben ist extrem bunt. Es kann brutal sein und unfassbar schön, reich und voller Liebe und Freude. Mit Geschich-

DOMINIQUE HAUK

BASTIEN CARRILLO

ten, Lifehacks, einem Blick in die Zukunft, Worten der Zuversicht und einer guten Portion Humor fasziniert er sein Publikum und seine Klienten.

Bastien Carrillo lebt mit seiner Frau und seinen zwei Kindern zurzeit in Münster.

Instagram: bastiencarrillo
www.bastiencarrillo.com
bc@bastiencarrillo.com

DOMINIQUE HAUK, Wirtschaftsingenieur, Jahrgang 1975, interessierte schon immer, wie Dinge funktionieren. So litt manch Spielzeugauto unter dieser Neugierde. In der Zeit des Studiums begann auch sein Engagement für die liberale Politik und als Trainer im Sportverein. Sich einbringen und selbst mitgestalten zu wollen, bewegte ihn dazu. Beruflich entwickelte er sich im Bereich Einkauf, Supply-Chain und Prozessver-

besserung weiter, z. B. bei SIEMENS, Nokia und der Deutschen Telekom. Dort stärkte er auch seine internationalen Erfahrungen (12-mal China, Finnland, USA, …). Seinen Wissensschatz erweiterte er stetig z. B. durch Schulungen zum Lean Six Sigma Black Belt, Scrum Master oder Prince2 Agile. Entscheidungen gehören zu seinem Tagesgeschäft als Einkaufsleiter. Für die Zukunft könnte er sich vorstellen auch als operativer Geschäftsführer oder in der technischen Projektleitung tätig zu sein.

»Oft gibt es eine dritte Option, die nicht der Mittelweg ist.« – nach Eckart von Hirschhausen

https://www.xing.com/profile/Dominique_Hauk/
https://www.linkedin.com/in/dominique-hauk/

JAN SCHMIEDEL

CHRISTIAN BRINK

Moin aus Hamburg.
Meine größte Stärke ist es, die Menschen in ihrer Ganzheit wahrzunehmen. Ich sehe, welche Themen sie wirklich beschäftigen und helfe ihnen dabei, den Nebel zu lichten. Ich schaffe es, in kurzer Zeit die Knoten zu lösen und Impulse für neue Wege zu geben. Ich schaue ganz genau hin. Dabei arbeite ich mit der Lupe, wenn wir ins Detail gehen, und mit dem Fernglas, wenn wir deinen Kompass neu ausrichten, damit wir die Untiefen und Unwetter bei deinem Kurs berücksichtigen können. Dies habe ich in über 550 Einzelcoachings bestens trainieren können. Mein Name ist **JAN SCHMIEDEL**, Experte für mentale Intelligenz und Podcaster, und ich gestalte mit dir die Zukunft.
www.janschmiedel.coach
LinkedIn/Instagram: Jan Schmiedel

Seit über 10 Jahren ist **CHRISTIAN BRINK** als Trainer und Coach tätig. Er begeisterte Hunderte von Menschen mit seinen Trainings und Coachings. „Geht nicht, gibts nicht!" war immer schon sein Motto. Seit seinem siebten Lebensjahr lebt er schon dieses Motto, denn die Diagnose Diabetes Typ-1 stellte sein Leben seitdem auf den Kopf.
Als Motivationsredner und Experte für gesunde Führungskultur unterstützt er bereits seit einigen Jahren erfolgreich Unternehmen, die ihre Mitarbeiter zu Fans machen wollen.
Mit seinen inspirierenden Vorträgen, Workshops, Seminaren, Webinaren und Büchern begeistert er Menschen und Unternehmen gleichermaßen.
www.Christian-Brink.de
Podcast: https://anchor.fm/christian-brink-01

ISABELL HUBER

ISABELL HUBER inspiriert und coacht Unternehmer im Gesundheitssektor mit dem selbstentwickelten EASY-Model zu Führungspersönlichkeiten. Sie leitet sie in ein ganzheitlich bewusstes und modernisiertes Führungsverständnis, um ihre Mannschaften zu Mitgestaltern für einen nachhaltigen, innovativen Unternehmensaufbau von innen nach außen zu machen.

Als Speakerin, Personal- und Group-Fitnesstrainerin für Careleaders leitet sie Unternehmer zur mentalen, emotionalen und körperlichen Fitness, damit sie ausdrucksstark und mit energetisch positiver Haltung selbstwirksam führen. Selbst bringt sie eine mehr als 16-jährige Berufserfahrung in der Fitness- und Gesundheitspflege als Fach-, Führungs- und praktische Ausbildungskraft mit. Als Top-Speakerin durfte sie in den letzten Jahren mehr als 70.000 Menschen in eine selbstsichere Führungshaltung begleiten.

Nachwort: Worst-Case-Szenarien – der sicherste Weg, um zu entscheiden –

Warum es mir am Herzen liegt, Sie zum besseren Entscheiden zu ermutigen

Johanna Dahm

Entscheidungen zu fällen, ist für viele nicht leicht. Dies bestätigt auch eine Umfrage unter 402 Executives und Führungskräften zum Thema »Welcher Entscheidungstyp bist Du?«, die ich in Kooperation mit Galileo durchgeführt habe. Das Ergebnis: 71 Prozent der Befragten tun sich mit professionellen, gerade mit Budget-Entscheidungen schwer. Und mehr noch: 52 Prozent geben offen zu, bei risikoreichen unternehmerischen Entscheidungssituationen überfordert zu sein, zumal wenn diese anders ausgehen als geplant. Darum schieben sie Entscheidungen lieber auf bzw. die Entscheidungen werden ausgesessen.

Prokrastination, besser bekannt als Aufschieberitis, ist ein bekanntes Phänomen, dem laut Eigenaussagen acht von zehn Bundesbürgerinnen und Bundesbürger erliegen: Von alltäglichen bis zu tatsächlich relevanten Dingen (Überweisung, Steuererklärung, Bankgeschäfte) wird alles aufgeschoben. Man scheitert an einem Zuviel an Informationen und einem Zuwenig an Zeit für liegengebliebene Aufgaben – dazu kommt dann das eigene schlechte Gewissen. Und das gibt uns den Rest: Stress und Demotivation.

Auch Organisationen haben dieses Problem. In der Corona-Pandemie hat sich beispielsweise gezeigt, wie wenige Unternehmen es tatsächlich wagen, trotz Existenzdruck etablierte Geschäftsmodelle zu hinterfragen oder gar über Bord zu werfen.

Die Krise hat ein Phänomen verstärkt, das ich seit jeher beobachte: Im Management sitzen keine Entscheider.

Die Krise hat 82 Prozent der Firmen in eine Art Schockstarre versetzt: Ihre Angst vor Fehlentscheidungen führt oft dazu, dass gar nichts entschieden wird. Was meist folgt, sind der Konkurs oder die Übernahme. Diejenigen Firmen bilden die Ausnahme, die mehr oder minder »über Nacht« innovative neue Projekte oder Business-Modelle ins Leben gerufen, sich zunächst mit pareto-optimalen Lösungen zufriedengegeben und später nachgeschärft haben. Aber insgesamt hat die Krise ein Phänomen pointiert, das ich seit über 20 Jahren beobachte: fehlende Entschlusskraft gerade im Management deutscher Unternehmen.

Fehlerangst bremst Unternehmen aus

Was unterscheidet nun entscheidungskräftige Vorgesetzte von anderen? Wie kommunizieren, kollaborieren und kooperieren sie? Und wie sollten Unternehmen jetzt die Entschlusskraft im Management steigern, um Erfolgsfaktoren wie Initiative, Leistungsbereitschaft, Veränderungswillen oder auch Optimismus zu stärken?

Tatsächlich fühlen sich 86 Prozent der Mitarbeitenden durch ihre Vorgesetzten überfordert. Sie beklagen den Umgangston, aber vor allem die intransparente Delegation sowie die Nichteinhaltung klarer Kommunikation. Trotz digitaler Möglichkeiten stecken viele Unternehmen hier noch in den Kinderschuhen, nutzen Services weder zur transparenten internen Arbeitserleichterung noch zur schnellen Abstimmung mit Kundinnen und Kunden.

Gleiches gilt in der Bewerberkommunikation: Während Kandidaten und Kandidatinnen in Auswahlprozessen oft über Monate auf ihre Bewerbungsgespräche warten, beklagt man seitens Unternehmen und Presse weiter den Fachkräftemangel. Die Personaldecke der Unternehmen wird vielerorts noch als zu komfortabel eingeschätzt, die eigene Führungsschwäche bleibt dagegen ein blinder Fleck.

Führungskräfte wollen keine Verantwortung
für Negativentwicklung.

Eine Studie der Boston Consulting Group aus dem Jahr 2019 zeigt, dass neun von zehn Führungskräften in ihren Entscheidungen eher zögern. Die Ursachen dafür liegen in der Angst, mit einer falschen Entscheidung die Verantwortung für eine negative Unternehmensentwicklung tragen, an Status einbüßen oder gar den Job verlieren zu müssen. Das bedeutet eine Verdreifachung innerhalb von nur zehn Jahren: Im Jahr 2009 gaben nur 29 Prozent an, bei wichtigen Entscheidungen mit der Einschätzung möglicher Folgen überfordert zu sein, 2015 waren es bereits 73 Prozent.

Fehlende Vertrauenskultur als Ursache

Mehr denn je liegen die Ursachen für die fehlende Entscheidungsfreude in einer mangelnden Fehler- und Vertrauenskultur. Kaum eine Führungskraft ist willens, Verantwortung zu übernehmen: Jede Entscheidung soll optimal abgesichert sein, das Recherchevolumen im Vorfeld einer Entscheidung kann aus Angst vor dem Verpassen der besseren Option (Fear Of Better Option, FOBO) schon mal antiproportional ansteigen. Am größten ist die Angst, etwas falsch zu machen. Zwar wird seitens vieler Unternehmen eine positive Fehlerkultur proklamiert, im Alltag aber das Gegenteil gelebt. Die Folge: Bei möglichen Worst-Case-Szenarien werden Optionen nicht mehr erwogen, Prioritäten falsch gesetzt und Deadlines verpasst. Das kostet Zeit, Geld und Nerven.

Bereits die Delegation von Verantwortung fällt den meisten Chefs schwer. Sie trauen ihren Mitarbeitenden nur sehr bedingt eigenständige Entscheidungen zu, nach dem Motto: »Vertrauen ist gut, Kontrolle ist besser.« Es löst fast Entsetzen aus, Informationen auf dem Weg zur Entscheidung zu verpassen (Fear Of Missing Out, FO-MO). Es fehlt das Vertrauen in die eigene Mannschaft, was die E-Mail-Fülle in CC, BCC und Tausende Stunden von Abstimmungsmeetings erklärt: im Mittel 7000 Stunden pro Jahr und Kopf. Viele Chefs geben zwar vor, ihren Mitarbeitenden freie Hand zu lassen, in Wahrheit wollen sie aber doch alle Entscheidungen selbst treffen. Die allseits beklagte Komplexität und der angewachsene Handlungsdruck sind also vielfach hausgemacht, weswegen akute Krisensituationen dann umso schlechter bewältigt werden können.

Tagesgeschäft wird vorgeschoben

Das erklärt auch, warum Projekte initiiert, nicht aber zu Ende geführt, notwendige Change-Prozesse gar nicht erst angestoßen, vakante Schlüsselpositionen nicht besetzt oder die anstehende Nachfolgeplanung ausgesessen werden. Viele Unternehmen verschlafen buchstäblich wichtige Trends wie Digitalisierung, E-Mobilität oder Nachhaltigkeit, was im Extremfall zu Massenentlassungen oder Milliarden-Verlusten führen kann.

Die jährlich durchgeführten Gallup-Studien belegen: Mangelnde Entscheidungsfähigkeit führt außerdem zu hoher Demotivation in der gesamten Belegschaft. Und die Mitarbeitenden verlieren ihren Enthusiasmus, da ihre Initiativen nicht gewürdigt werden und in ihrem Unternehmen nichts vorangeht. Ein hoher Krankenstand, innere Kündigung und viel Fluktuation sind die Folge.

Die regelmäßig erscheinende Mittelstandsstudie von Ernst & Young prognostizierte bereits 2018, dass innerhalb weniger Jahre 230 000 KMU schließen müssten, eben weil sie es versäumten, aufgrund des Tagesgeschäfts, einen ausreichenden Fokus auf die strategischen Ziele zu legen.

Unternehmen sind nicht vollumfänglich mittels Mediennutzung positioniert, erliegen im Wettbewerb der Unsichtbarkeit.

Sie haben keine wettbewerbsorientierte Mitarbeiterstrategie bzw. keine interne Personalentwicklung.

Sie verfügen über keine Nachfolgeregelung, weder für Geschäftsführung noch für kritische Positionen.

All diese Versäumnisse sind Konsequenzen nicht getroffener Entscheidungen, die seit dem ersten Aufruf zum »War for Talent« 1997 systematisch ausgeblendet wurden.

Sechs Schritte für eine bessere Entscheidungskultur

Bildquelle »Die Entscheidungs-Matrix« von Johanna Dahm in: Changement Magazin 12.21

Entscheidungskompetenz hat sich gerade in einem immer agiler und globaler werdenden Wettbewerbsumfeld als Schlüsselfaktor herausgestellt. Entscheidungsfreude zu etablieren, setzt einen Change-Prozess im Unternehmen voraus hin zu einer Kultur, die auf Vertrauen basiert, Fehler als Learnings betrachtet, Scheitern zulässt und in der die Mitarbeitenden angstfrei agieren können. In meinem Buch »Die Entscheidungs-Matrix« (Springer, Heidelberg 2021) empfehle ich sechs Schritte, die Entscheidungen erleichtern und deren Qualität erhöhen.

1. Ziele klar, konkret und kompromisslos setzen
Generische Jahres- und Umsatzziele sind in viele Unternehmen an der Tagesordnung, man diskutiert über Konditionen bezüglich deren Erreichbarkeit. Weder stärkt das die Motivation noch Glaubwürdigkeit. OKR-Management ist dann gut, wenn sich Mitarbeitende in den Zielen wiederfinden, sich dafür verantwortlich und bereits in die Erarbeitung des Zielehorizonts eingebunden fühlen. Nur so entsteht eine gemeinsame Vision.

2. Worst-Case-Szenario designen

Schluss mit dem Euphemismus! Was kann bei Verzögerungen, bei dem Nichterreichen von Zielen, beim Fortbestehen unternehmerischer Engpässe schlimmstenfalls passieren? Und welche Folgen hat dies schlimmstenfalls für Kunden, Belegschaft und die Stellung des Wettbewerbers? Wenn auch unpopulär, so lohnt es sich doch, gemeinsam mit den Führungskräften Notfallpläne, Krisenpläne und Back-ups zu entwickeln, um fokussiert die Zielerreichung anzustreben, Einwände von Kunden und Investoren auszuhebeln und sich vor Augen zu führen, dass Nicht-Handeln keine Option ist.

3. Recherche- und Entscheidungszeit verkürzen

Ein ambitioniertes Timing, maximal 30–40 % der üblichen Recherche und Entscheidungsfindung sollte vorgegeben sein, vereinfacht den Entscheidungsprozess und erlaubt im Anschluss mehr Zeit für die Umsetzung. Verkürzte Meetings, Ausschlussverfahren und Thinktanks sowie das Vertrauen auf »gut ist gut genug« unterstützen Entscheidungsprozesse. Ein Tipp: Meetings im Stehen abhalten und auch Remote die Rollen für Moderation, Protokolle etc. rotieren.

4. Nur tatsächliche Handlungsoptionen berücksichtigen

Entscheidungen können beschleunigt werden, indem allzu ähnliche Optionen aussortiert und nur klare Zuordnungen wie »gut/schlecht« bzw. »ja/nein« zugelassen werden. Einmal aussortierte Alternativen werden auch im Nachgang nicht mehr zugelassen. Hier hilft die Einführung und Wahrung strikter Spielregeln. Führungskräfte können Vorentscheidungen sehr gut delegieren und auch in Meetings ihre Teams die besten Optionen präsentieren lassen. Im Nachgang wird dann nur noch abgestimmt.

5. Intuition ist (nur) eine Stimme

Ein Bauchgefühl kann richtig sein, muss es aber nicht. Wenn die Fakten mit der Intuition übereinstimmen, stehen die Chancen für die Umsetzung einer Entscheidung am besten. Optimal ist es, auch den inneren Kompass zu hinterfragen, da durch ihn frühere Ereignisse und subjektives Empfinden ebenso wie negative Erfahrungen in bestimmten Situationen fehlgeleitet werden können. Gerade in Team-Entscheidungen sollten »innere« Stimmen ruhig kommuniziert, aber nicht für allzu bare Münze genommen werden, da sie ursächlich meist eine private Historie haben.

6. Entscheidungsfindung gezielt trainieren

Entscheidungskompetenz kann zum festen Bestandteil der Personalentwicklung gehören. Ob in Development-Centern, in der Nachwuchsentwicklung oder zuvorderst im Leadership-Training: Entscheiden kann man lernen, spielerisch mit fiktiven Szenarien oder auch mit echten Projekten. Es empfiehlt sich, das Thema in bestehende Programme zu integrieren, um auf allen Ebenen dynamische Fortschritte zu erzielen und diese im Vergütungssystem auch zu honorieren.

Klare interne Kommunikation als Startschuss

Wie in allen Veränderungen ist es ratsam, beim Change den Fokus auf Umsetzung zu legen – getreu dem Motto: »Sage, was du machst, mache, was du sagst.« Denn Entschlusskraft bringt dann Dynamik und Freude, wenn man erst einmal die Angst vor Risiken wie etwa Fehlentscheidungen überwunden und dafür die positiven Seiten an Verantwortung schätzen gelernt hat.

Eine klare interne Kommunikation wirkt wie ein Startschuss, ein Zurückrudern fällt dann deutlich schwerer. Entscheidungsfreudige Unternehmen haben gute Chancen, besonders qualifizierte Mitarbeitende anzuziehen und sie langfristig ans Unternehmen zu binden. Agilität, Dynamik und Innovationsgeist können sich erst dann angstfrei entfalten, wenn Fehler als wertvolle Learnings, als Experimente auf dem Weg zum Erfolg gewertet werden.

Eine klare interne Kommunikation wirkt wie ein Startschuss, ein Zurückrudern fällt dann deutlich schwerer.

In einer PwC-Studie von 2016 hatten CEOs weltweit bekräftigt, dass sich Delegation von Verantwortung insbesondere bei komplexen

Entscheidungssituationen positiv auf das Organisationsklima und die Betriebsergebnisse auswirkt. Insbesondere aus einer gestiegenen Leistungsbereitschaft und Effizienz, der Bereitschaft zu Optimierung und Veränderung sowie den Erfolgen im Recruiting und der Reduzierung der Fluktuation leiteten die Führungskräfte dies ab.

Aktuelle Studien zeigen den Vorsprung, den internationale Entscheiderinnen und Entscheider gegenüber denen in deutschen Unternehmen haben: Deutlich geringer ausgeprägt ist die Tendenz des übermäßigen Recherchierens, Aufschiebens und Aussitzens von Entscheidungen zugunsten intuitiver und schneller Entscheidungen. Wahrscheinlich fehlt hierzulande noch das Bewusstsein, dass Zeit Geld und gleichzeitig eine Währung ist, mit der wir nicht (mehr) alles kaufen können.